Bibliographische Information der Deutschen Bibliothek:
Die Deutsche Bibliothek verzeichnet diese Publikation in der
Deutschen Nationalbibliographie. Detaillierte bibliographische
Daten sind im Internet über http://dnb.ddb.de abrufbar.

Lach Sack:
Das Buch der Witze

ISBN 978-3-7322-8695-9

© 2013 Dirk Mayer-Breunig
Herstellung und Verlag: BoD -Books on Demand, Norderstedt

Was macht man als Frau, wenn der eigene Mann im Zickzack durch den Garten rennt?

Weiterschießen!

Was sagt ein arbeitsloser Pädagoge zu einem arbeitenden Pädagogen?
„Einmal Pommes-Mayo."

Schneewittchen, Herkules und der Glöckner von Notre-Dame diskutieren über ihre Qualitäten. Da macht Schneewittchen den Vorschlag, ihren Spiegel zu befragen.
Sie macht auch gleich den Anfang: „Spieglein, Spieglein an der Wand, wer ist die Schönste im ganzen Land?" Nach wenigen Sekunden erhält sie die Antwort: „Du bist die Schönste im ganzen Land."
Dann fragt Herkules, wer der Stärkste sei. Auch er bekommt nach kurzer Zeit die Antwort, dass er der Stärkste sei.
Als letzter befragt der Glöckner von Notre-Dame den Spiegel, wer der Hässlichste sei.
Herkules und Schneewittchen warten und warten. Nach einer halben Stunde kommt der Glöckner heulend zurück und schreit:
„Wer zum Teufel ist Gildo Horn?"

Zwei Frauen unterhalten sich.
„Ich habe jetzt zwei Ärzte", sagt die eine.
„Warum denn zwei?"
„Wenn ich krank bin, wende ich mich an den Alten ... und wenn mir etwas fehlt, gehe ich zu dem Jungen."

Was tust du, wenn du in einem roten Porsche sitzt und vor dir ein rosa Schwein ist, das du nicht einholen kannst, und hinter dir ein Hubschrauber, der dich nicht einholen kann?
Du steigst aus dem Karussell aus...

Marion wird von ihrer Mutter aufgeklärt. Sie hört aufmerksam zu. Dann fragt sie: „Und wie ist es mit den kleinen Hunden und Kätzchen?"
„Genau wie mit den kleinen Babys!"
„Schon toll, was Papi alles kann."

Ein Blinder kommt aus Versehen in eine Bar nur für Frauen. Er findet seinen Weg zu einem Barhocker und bestellt einen Drink. Nachdem er eine Weile sitzt, fragt er den Barkeeper:
„He, willst du einen Blondinenwitz hören?" In der Bar wird's absolut totenstill und mit tiefer Stimme sagt seine Nachbarin:
„Bevor Sie den Witz erzählen, ist es nur fair – weil Sie blind sind – dass sie 5 Dinge wissen sollten...
1. Die Barfrau ist eine Blondine.
2. Der Rausschmeißer ist eine Blondine.
3. Ich bin eine 1,80 große, 120 kg schwere, blonde Frau, mit schwarzem Gürtel in Karate.
4. Die Frau neben mir ist blond und ist professionelle Gewichtheberin.
5. Die Frau zu ihrer rechten ist blond und ist professionelle Ringkämpferin.
Nun, denken Sie ernsthaft nach, mein Herr. Wollen Sie immer noch diesen Blondinenwitz erzählen?"
Der blinde Mann denkt eine Sekunde nach, schüttelt seinen Kopf, und sagt:
„Neee ... nicht wenn ich ihn 5 mal erklären muss."

In einem Eisenbahnabteil sitzen eine umwerfende Blondine, eine Nonne, ein Holländer und ein Deutscher. Der Zug fährt in einen Tunnel und man hört den Knall einer Ohrfeige. Mit roter Wange sieht man den Holländer als der Zug aus dem Tunnel fährt.
Die Blondine denkt sich: „Tja, da wollte er mich wohl angrabschen, hat aber die Nonne erwischt und die hat ihm Eine gelangt."
Die Nonne überlegt: „Da ist er wohl der Blondine an die Wäsche und die hat ihm Eine gegeben."
Der Holländer grübelt: „Wie gemein, der Deutsche grabscht die Blondine an und ich bekomme Eine geklebt."
Der Deutsche lächelt und denkt sich: „Hoffentlich kommt bald wieder ein Tunnel, dann knall ich dem Holländer noch mal Eine."

Eine Brünette, eine Rothaarige und eine Blondine unterhalten sich. Die Brünette meint: „Man kann das Geschlecht eines Kindes vorausbestimmen. Es kommt darauf an, wie man gelegen hat. Also, ich krieg' ein Mädchen, denn ich lag unten."
Die Rothaarige glaubt, dass sie einen Jungen bekommt, weil sie oben lag.
Die Blondine wird blass und sagt: „Scheiße, ich glaube ich bekomm' einen Hund."

Markus blättert in einer Zeitschrift und sagt zu seinem Freund: „Stell dir vor, 60 Prozent aller Frauen betrügen ihren Mann!"
Antwortet der:
„Was nützt mir das? Ich brauche Namen, Adressen, Fotos... ."

Ein Amerikaner, ein Deutscher und ein Araber unterhalten sich. Der Ami prahlt: „Ich habe vier Kinder, noch eins, und ich habe ein Basketball-Team!"
Darauf der Deutsche: „Ich habe zehn Kinder, noch eins, und ich habe ein Fußball-Team!"
Der Araber schweigt, dann lächelt er und sagt: „Ich habe 17 Frauen, noch eine... und ich habe einen Golfplatz!"

Was ist der perverseste Beruf der Welt?
Postbote. Der rennt von einem Schlitz zum anderen, bis der Sack leer ist!

Was haben 365 Kondome und ein Autoreifen gemeinsam?

It was a "GOOD YEAR!"

Ein junger Mann hat ein Sprachproblem. Er vermischt ständig die Wörter in einem Satz. Letzte Hilfe verspricht er sich von einer Sprachheilschule. Die junge Pädagogin gibt ihm einen leichten Satz zum Üben. „Zitronen und Orangen". Der junge Mann jedoch wiederholt: „Zitrangen und Oronen!"
Nach zwei Wochen resigniert die Pädagogin und sagt zum Schüler: „Wenn du diesen einfachen Satz fehlerfrei wiederholen kannst, hast du einen Wunsch bei mir frei!"
Fortan übt er fleißig. Nach einigen Tagen ist es soweit. Der junge Mann tritt ganz nah an seine Lehrerin und sagt: „Zitronen und Orangen!"
Sie lächelt und sagt: „Nun, wie lautet dein Wunsch?"
Und er sagt: „Ich will dich micken du seile Gau!"

Ein Bauchredner erzählt mittels einer Puppe Blondinenwitze. Plötzlich protestiert im Publikum eine Betroffene: „Ich habe es satt, dass in diesen Witzen immer ein Mensch nur aufgrund seiner Haarfarbe als Vollidiot dargestellt wird."
„Aber das sind doch ganz harmlose Jokes, ich wollte Sie nicht persönlich verletzen."
„Mit Ihnen rede ich überhaupt nicht, sondern mit diesem albernen Blödmann, der auf Ihrem Knie sitzt!"

Eine Hausfrau findet im Zimmer ihres 14-jährigen Sohnes ein Sadomaso-Magazin. Sie nimmt es mit und zeigt es ihrem Mann, als der von der Arbeit nach Hause kommt. Unter Tränen sagt sie: „Und was denkst du, sollen wir jetzt tun?" Darauf ihr Mann: „Nun, ich denke, es wäre besser, ihn nicht zu verdreschen."

Ein Mann mit schwarzer Maske und schwarzem Umhang rettet im Wald eine Blondine vor den Räubern. Dann schnitzt er ein „Z" in die Rinde eines Baums und fragt: „Na, weißt du jetzt, wer ich bin?" Die Blondine haucht ihm ins Ohr: „Danke, Zuperman!"

Ein Deutscher, ein Amerikaner und ein Belgier sitzen im Flugzeug.
Plötzlich schmiert die Maschine ab und scheint abzustürzen.
Gedankenvoll brüllt der Deutsche: „Rettet die Kinder!"
Der Amerikaner entgegnet: „Fuck the children!"
Darauf der Belgier: „Reicht dafür denn die Zeit noch?"

Was ist der Unterschied zwischen einem Busen und einer Modelleisenbahn?
Es gibt keinen. Beide sind für Kinder gedacht, aber die Männer spielen damit.

Eine Frau kommt nackt ins eheliche Schlafzimmer, ihr Mann liegt bereits im Bett. Erwartungsvoll fragt sie: „Sag mal, Schatz, was hättest du vor 20 Jahren gedacht, wenn ich so hier hereingekommen wäre?"
„Dass ich dir die Titten aussaugen und dich um den Verstand vögeln werde!"
„Und was denkst du heute?"
„Dass es mir ganz gut gelungen ist."

In einer Boeing sitzt ein arabisch aussehender Passagier und blättert in einer Illustrierten. Die Stewardess kommt mit den Getränken durch den Gang:
„Darf ich Ihnen ein Glas Wein anbieten?",
fragt sie.
Antwortet der Mann: „Nein, ich muß später noch fliegen."

8

Was wäre, wenn sich die Erde 30-mal schneller drehen würde?

Man bekäme jeden Tag das Gehalt überwiesen und die Frauen würden verbluten.

Was ist gelb-braun gestreift, fliegt durch die Luft und spuckt Sägespäne?

Biene Maja, die Pinocchio einen geblasen hat.

„Ich war kurz beim Bäcker. Nach fünf Minuten verließ ich den Laden. Als ich wieder rauskam, war da eine Politesse und schrieb gerade einen Strafzettel. Also ging ich zu ihr hin und sagte: "Ach komm, Puppe, kannst du nicht mal ein Auge zudrücken?" Sie ignorierte mich und schrieb weiter. Also nannte ich sie eine ganz sture Beamtenschnalle. Sie sah mich an und begann ein weiteres Ticket für abgefahrene Reifen zu schreiben. Also nannte ich sie eine blöde Schlampe. Da begann sie ein drittes Ticket zu schreiben! So ging es die nächsten 20 Minuten weiter. Je mehr ich sie beleidigte, desto mehr Tickets schrieb sie aus. Mir war das egal. Ich war ja zu Fuß unterwegs."

Zwei schwule Radfahrer werden von einem Auto angefahren. Sagt der eine Schwule zum anderen: „Dieda, gä und hol die Polizai!" Sagt der Autofahrer: „Ich gebe euch 100 Euro, wenn ihr nicht zur Polizei geht!" Da wiederholt der Schwule ohne den Fahrer zu beachten:
„Dieda, gä und hol die Polizai!" Sagt der Autofahrer nochmals: Ich gebe euch 1000 Euro wenn ihr nicht zur Polizei geht!" Der Schwule beachtet den Autofahrer immer noch nicht und sagt: „Dieda, gä und hol die Polizai!" Dem Fahrer wird es zu blöd und er schimpft: „Ach, leckt mich doch am Arsch!" Darauf der Schwule: „Dieda, bleib hier. Er will verhandeln!"

Der Vater platzt bei seiner Tochter ins Zimmer, die sich gerade mit ihrem Vibrator vergnügt. Auf seinen Wutausbruch, was das denn solle, meint die Tochter: "Ach Papa, ich bin doch nicht gerade die Schönste, ich finde sowieso keinen Mann. Dann darf ich doch wenigstens ein wenig Spaß mit meinem Vibrator haben!". Eine Stunde später kommt die Tochter in die Küche, dort sitzt ihr Vater, trinkt ein Bier und auf dem Tisch liegt ihr Vibrator, der vor sich hin summend dauernd im Kreis dreht.
"Aber Papa, was machst du denn da?!" - „Na, hör mal, ich werde wohl noch mit meinem Schwiegersohn ein Bierchen trinken dürfen!"

Eine Fee erscheint einem Bauern. Er habe drei Wünsche frei. Der Bauer: „Ich will ein Prinz sein!" Zoom, und er steht in Gala-Uniform da. „Ich will ein schönes Schloss haben!" Zoom, er steht in einem reich ausgeschmückten Saal seines neuen Schlosses. „Ich möchte eine schöne Frau an meiner Seite!" Geht die Tür auf, eine Prinzessin kommt in den Saal: „Komm, Franz Ferdinand, wir müssen los, sonst kommen wir zu spät nach Sarajewo!"

Vergangene Nacht träumte mir, ich schwämme ganz allein in einem großen See." „Komisch, mir träumte, ich säße auf einer einsamen Insel, ganz allein mit Jennifer Lopez und Laetitia Casta." „Mit Jennifer Lopez und Laetitia Casta? Mann, warum hast du mich da nicht sofort gerufen?" „Hab ich ja! Aber man sagte mir, du seist zum Baden gegangen."

Ein Mann geht mit einer neuen Bekanntschaft nach Hause. Noch bevor er die Tür öffnen kann, sagt sie: „Warte kurz. Daran, wie ein Mann seine Tür aufschließt, erkenne ich, wie er im Bett ist." Er zeigt sich verwundert und bittet um Beispiele. „Also, wenn er den Schlüssel hart ins Schloss rammt, dann ist er ein egoistischer Liebhaber. Das ist nichts für mich. Wenn er zu lange braucht und das Loch nicht findet, bedeutet das, er ist unerfahren", erklärt sie. Dann fragt sie ihn: „Sag mal, wie schließt du denn nun deine Tür auf?" Darauf er: „Bevor ich überhaupt etwas mache, lecke ich erst mal am Schloss."

Was ist eigentlich der Unterschied zwischen erotisch und pervers?

Erotisch ist es, eine Frau mit einer Pfauenfeder zu streicheln.

Pervers ist, wenn der Pfau noch dran ist.

Kommt der Sohn zum Vater und sagt:
„Papa, Papa, i mog a Gschlechtsumwandlung hom!!!"
Vater: „A Fotzn konnst hom!!!"
Sohn: „Ja, genau! Und riesige Tittn!"

Samstagmorgens. Der Vater hat unheimlich Lust, seine Frau zu verführen. Aber was soll in der Zeit mit dem fünfjährigen Sohn passieren? Kurzerhand schickt er ihn auf den Balkon: „Schau mal, was so los ist, und erzähl es uns." Der Vater ist gerade voll bei der Sache, als der Kleine ruft: „Schmidts haben sich ein neues Auto gekauft, einen Golf!" Keuchend antwortet der Vater: „Super, weiterschauen!" Zwei Minuten später meldet sich der Junior erneut: „Meiers bekommen gerade Besuch aus Freiburg!" Der Vater stöhnt: „O.k., beobachte weiter so schön!" Nach weiteren drei Minuten verkündet der Kleine: „Die Meiers bumsen gerade!" Der Vater hält erschrocken inne: „Wie kommst du denn darauf?" „Na ja, sie haben ihren Sohn auf den Balkon geschickt."

Ein Ehepaar geht abends zu Bett. Er deutet an, dass er noch Sex möchte. „Nein, ich möchte heute nicht, da ich morgen einen Termin beim Gynäkologen habe", antwortet sie. Er überlegt kurz und fragt: „Hast du morgen auch einen Termin beim Zahnarzt?"

Ein Ehemann kommt in die Apotheke und sagt: "Bitte geben Sie mir eine Packung Strychnin." Der Apotheker: "Wofür brauchen Sie das?" - "Ich will meine Frau ermorden!" - "Aber das können Sie doch nicht machen!" Der Mann zieht ein Foto seiner Frau aus der Tasche und zeigt es dem Apotheker. Der Apotheker: "Oh, Sie haben das Rezept!"

Ein Kind kommt verstört zu seiner Mutter: „Mama ich habe gesehen, wie Papa dem Dienstmädchen einen Kuss gegeben und sie angefasst und gestreichelt hat, und dann trug er sie auf den Schreibtisch und steckte ihr seinen..." Die Mutter unterbricht das Kind: „ Das ist ja unerhört. Kind, ich möchte, dass du genau diese Geschichte heute Abend erzählst, wenn die ganze Verwandtschaft zu Besuch kommt. Das sollen alle erfahren!" Am Abend vor versammelter Mannschaft erzählt das Kind die Geschichte erneut: „... und dann fasste der Papa das Dienstmädchen an, trug sie auf den Schreibtisch und steckt ihr seinen... Mama, wie heißt denn das, was du von unserem Postboten immer in den Mund nimmst?"

Ein Preuße macht mit seiner hübschen Tochter Urlaub in Bayern. Dort werden sie gleich auf das Dorffest eingeladen und die Tochter von einem stattlichen jungen Bayern in Tracht zum Tanz aufgefordert. Nach drei Tänzen kehrt sie zu ihrem Vater zurück. „Siehste, jetzt haste ooch ma mit nem richtijen Bayern jetanzt!" - „Nee, Papa, det war 'n Italiener." - „Quatsch, kiecken dir doch an: die Seppelhosen, der Hut mit 'n Jamsbart, det is 'n Bayer, det sieht doch 'n Blinder mit Krückstock!" -
„Nee, Papa, det is 'n Italiener, der hat mit seinem Kumpel italienisch jesprochen." - „Wat hatta denn jesagt?" - „Ick wees nicht, es klang wie ... ‚difickiano' ..."

Zwei Ehefrauen langweilen sich und gehen auf die Rennbahn. Da sie nicht wissen, auf welches Pferd sie setzen sollen, fragt die eine: „Wie oft bist du fremdgegangen?" – „Ich glaube viermal, und du?" – „Fünfmal, macht zusammen neun." Sie setzen auf die Nummer neun und gewinnen. Zu Hause erzählen sie ihren Männern von der erfolgreichen Pferdewette, worauf diese beschließen, nächste Woche selbst auf die Rennbahn zu gehen. Dort angekommen, überlegen die Männer, auf welche Nummer sie setzen sollen. Der eine fragt den anderen: „Wie oft kannst du am Abend?" – „So ungefähr fünfmal." – „Ich sechsmal, macht zusammen elf." Sie setzen auf die Nummer elf – und verlieren. Gewonnen hat Pferd Nummer zwei.

Ein Jäger sieht im Wald einen Bären. Er schießt auf ihn und spürt kurz darauf jemanden auf seine Schulter tippen. Es ist der Bär:" Ich lasse dich nochmal davonkommen", sagt er. „Aber als Strafe bläst du mir jetzt einen." Widerwillig gehorcht der Jäger. Am nächsten Tag kehrt er mit einem beseren Gewehr zurück. Er sieht den Bär erneut und ballert los. Kurz darauf spürt er wieder den Finger des Bären. Erneut muss er blasen. Am folgenden Tag besorgt sich der Jäger, halb wahnsinnig vor Rachdurst, das beste erhältliche Präzisionsgewehr. Er findet den Bär und schießt los. Als der Rauch verzieht, spürt er den Finger: „Du kommst aber auch nicht nur zum Jagen hierher," sagt der Bär augenzwinkernd.

Der Sohn fragt seinen Vater, worin der Unterschied zwischen den Begriffen ‚möglich‘ und ‚realistisch‘ besteht. Der Vater sagt: „Frag deine Mutter, ob sie für eine Million Euro mit Tom Cruise schlafen würde. Danach stellst du die Frage deiner Schwester und deinem Bruder." Der Junge stellt die Frage der Mutter. Sie antwortet: „Natürlich, so eine Chance würde ich mir nicht entgehen lassen!" Die Schwester antwortet: „Ich wäre doch verrückt, wenn ich Tom Cruise von der Bettkante stoßen würde!" Der Bruder antwortet: „Na klar, weißt du, wie viel eine Million ist!" Der Sohn überdenkt die Antworten und geht zu seinem Vater. Der fragt: „Und? Hast du den Unterschied zwischen ‚möglich‘ und ‚realistisch‘ gelernt?" Der Junge antwortet: „Ja, möglicherweise sitzen wir auf drei Millionen Euro, aber realistisch gesehen leben wir mit zwei Schlampen und einem Schwulen zusammen."

Kennen Sie eigentlich den Unterschied zwischen Bungee-Jumping und einem Blow-Job von der eigenen Schwiegermutter?

Es gibt keinen.
Beides ist ein wahnsinnig tolles Erlebnis – man sollte nur nicht runterschauen.

Ein Mann kommt zu einer Apotheke, diese ist aber geschlossen. Er schaut durch das Fenster und dabei sieht er den Apotheker mit seiner Helferin eine Nummer schieben. Da er aber dringend sein Medikament benötigt, klopft er wie wild an die Tür. Als der Apotheker schließlich kommt, entschuldigt er sich: „Entschuldigen Sie bitte, ich habe gerade ein NICKERCHEN gemacht!" Darauf antwortet der Kunde: „Ja, ja und ich habe es durchs NENSTER gesehen!"

Schild in einer indischen Kneipe:
"Toiletten am Ende des Ganges"

Warum kann Miss Piggy nicht bis 70 zählen?
- Weil sie bei der 69 einen Frosch im Hals hat.

Eine Stimme im Park: „Steffen, setz die Brille ab, du zerkratzt mir die Schenkel!" - Fünf Minuten später: „Bitte, Steffen, setz die Brille wieder auf, du leckst die Bank!"

Ein junges Ehepaar spielt Golf. Ein Golfball fliegt in eine Fensterscheibe. Schuldbewusst geht das Paar zu dem Haus. Die Tür ist offen, sie kommen in den Raum mit dem zerbrochenen Fenster und sehen eine kaputte Vase, daneben einen bärtigen Mann mit Turban. „Sie sind der Hausbesitzer?", fragt der Mann. Der Bärtige verneint: „Ich bin ein Flaschengeist, war 1000 Jahre in der Flasche eingesperrt. Der Golfball hat sie zerstört - jetzt bin ich frei! Dafür erfülle ich euch zwei Wünsche. Den üblichen dritten Wunsch behalte ich für mich." Der Ehemann willigt ein: „Wir wollen ein Jahreseinkommen von einer Million Euro." Der Geist nickt: „Nun der zweite Wunsch?" - „Das feinste Essen, solange wir leben." - „Okay", sagt der Geist. „Nun, mein Wunsch: Ich möchte mit deiner schönen Frau schlafen." Der Mann willigt ein. Während Frau und Geist zugange sind, geht er nach draußen. „Wie alt ist dein Mann eigentlich?", fragt der Geist. „31", antwortet die Frau. Der Geist: „Und da glaubt er noch an Flaschengeister?!"

Der junge Assistenzarzt hat, wenn auch schweißgebadet und mit den Nerven am Ende, seine erste Entbindung erfolgreich hinter sich gebracht.
Der Chefarzt spart nicht mit Lob, bemerkt jedoch mit Schmunzeln:
"Normalerweise gebe ich nach dem Entbinden dem Neugeborenen und nicht der jungen Mutter einen Klaps auf dem Po!"

Abends im Ehebett flüstert der Börsenmakler seiner schönen jungen Frau ins Ohr: "Die Aktien steigen. Der Kurs ist fest". Sie räkelt sich. "Nein, die Börse ist heute geschlossen." Missmutig dreht er sich auf die Seite, aber seine Frau lässt sich die Sache noch ein- mal durch den Kopf gehen und turtelt dann: "Schatz, die Börse hat ihre Pforten doch noch geöffnet. Ich nehme die Aktien zu Höchstwert." "Zu spät", knurrt der Makler. "Ich habe sie schon unter der Hand ver- schleudert."

Der Freund ist das erste Mal bei den Eltern seiner neuen Flamme. Beim Essen verspürt er einen unglaublichen Drang zum Furzen. Er versucht sich noch, sich zusammen zu reißen, aber vergeblich. Leise, aber hörbar lässt er Einen fahren. Darauf raunzt der Vater den Hund unter dem Stuhl des Jungen an: „Hasso!". „Puh", denkt der sich: „Der Alte glaubt, dass es der Hund war!".

Einige Zeit später drückt es ihn wieder und er muss richtig laut furzen.

„Hasso!", ruft der Vater wieder. Der Freund ist beruhigt, dass es erneut gut gegangen ist.

Wenig später drückt es ihn jedoch dermaßen, dass er einen mörderlauten Furz raushauen muss.

„Hasso!", brüllt der Vater. „Komm endlich unter dem Stuhl hervor, bevor dir der Typ noch auf den Kopf scheisst!".

Die Lehrerin stellt Fritzchen eine Aufgabe: „Fünf Tauben sitzen auf einem Dach. Eine davon erschießt du. Wie viele sitzen dann noch da?

Fritzchen antwortet: „Keine. Der Schuss war so laut, da sind alle weggeflogen."

Die Lehrerin erwidert: „Das ist nicht die Antwort, die ich erwartet habe, aber ich mag die Art wie du denkst."

Ich habe auch eine Aufgabe für sie Frau Lehrerin:

„In einen Eiscafe sitzen 3 Frauen. Die Eine beißt ihr Eis, die Nächste lutscht ihr Eis und die Letzte saugt ihr Eis. Welche ist verheiratet?"

Antwortet die Lehrerin leicht errötet: „Die Letztere."

"Nein", meint Fritzchen, „die mit dem Ehering."

Aber ich mag die Art wie sie denken.

Was sagt die Ehefrau eines Feuerwehrmannes beim Sex?
„Mehr Schlauch!"

Streiten sich drei Spermien. Sagt das Erste: "Ich will erster sein!" Das Zweite: "Nein, ich, ich will!" Meint das Dritte ruhig: "Hört auf, euch zu streiten! Sehen wir erstmal zu, wie wir wieder aus der Speiseröhre herauskommen..."

Zwei Hochzeitspärchen auf Ibiza. Gemeinsames Hotel, Zimmer nebeneinander, gemeinsamer Balkon. Beide Ehemänner kommen nach durchstandener Hochzeitsnacht frühmorgens auf den Balkon. Der eine dehnt, streckt, reckt sich und blickt zu seinem Nachbarn. Der dehnt und streckt und reckt sich ebenfalls und knurrt dann: "Na wie war's bei Ihnen?" "Toll, und wie war's bei Ihnen?" "Super, und wie geht es Ihrer Frau?" "Ich denke gut, sie liegt im Bett und raucht. Und wie geht es Ihrer Frau?" "Nicht ganz so schlimm, sie ist nur ein wenig wund!"

Ein Mann findet eine verkorkte Flasche am Strand. Er öffnet sie und ein Geist kommt heraus. Dieser sagt, dass der Finder einen Wunsch frei habe. „Ich habe solche Flugangst, aber ich möchte mal nach Hawaii, kannst Du nicht eine Autobahn herzaubern?"

„Au, das ist sehr schwierig, wünsch Dir doch etwas anderes." „Gut, ich wünsche mir, dass ich Frauen verstehen kann, weiß wie sie fühlen und denken. Der Geist: „Willst Du die Autobahn zwei- oder dreispurig?"

"Elvira, Sie tragen heute sicher keinen BH!"
"Wieso?"
„Ihre Gesichtshaut ist so glatt..."

Heidi Klum kommt zur Untersuchung zum Arzt. Sagt der Arzt: „Wenn Sie sich dann einmal bitte freimachen würden."
Heidi zieht sich aus und steht schließlich nackt vor dem Arzt. Meint der: „So, das war mein Problem, welches ist Ihres?"

Ein Stellungssuchender kommt aufs Arbeitsamt:
„Hätten Sie 'nen Job für mich?"

„Na klar, auf Mallorca, Kost und Logis frei, jeden
Morgen Sektfrühstück, Swimmingpool, sechs
Riesen im Monat... ."

„Wollen Sie mich verarschen?"

„Na hören Sie, Sie haben doch angefangen!"

Ein Familienvater kauft sich einen Roboter, der eine Person schlägt, wenn sie lügt. Der Vater zu seinem Sohn: „Wo warst du heute Vormittag?" Der Sohn antwortet: „In der Schule." Der Roboter schlägt den Sohn. Der Sohn korrigiert sich: „Ja okay, ich hab einen Porno angeschaut." Daraufhin meint der Vater: „Also, als ich so klein war, hab ich so etwas noch gar nicht gekannt!" Der Roboter schlägt den Vater. Die Mutter muss lachen und meint: „Tja, er ist eben dein Sohn." Der Roboter schlägt die Mutter.

Der kleine Sohn fragt den Papa: „Was ist eigentlich eine Verlobung?" – Der Papa antwortet: „Eine Verlobung ist, wenn ich dir zu Weihnachten ein Fahrrad schenke, du aber erst zu Ostern damit fahren darfst!" Daraufhin meint der Junge: „Aber ein wenig klingeln wird man doch wohl vorher schon dürfen?"

Martin arbeitet sehr hart und lange im Büro, das Einzige was er sich ab und zu gönnt ist ein paar Kugeln beim Bowling zu schieben. Seine Frau denkt, er ist zu hart zu sich selbst und überrascht ihn an seinem Geburtstag mit einem gemeinsamen Besuch im Strip Club im örtlichen Rotlichtviertel.

Als sie eintreten sagt der Türsteher, "He Martin, wie geht's, alles klar"?

Verstört fragt die Frau, "Woher kennst du denn den"? "Ach, vom Bowling", antwortet er, "wir teilen manchmal die Bahn" Am Tisch kommt die Bedienung und fragt: "Hallo Martin, wie immer ein Pils und ein Korn"? Wieder fragt die Frau verstört: "Bist du sicher, dass du noch nie hier warst"? "Nein", antwortet Martin, "sie spielt im Damenteam Bowling am gleichen Abend wie wir".

Eine Stripperin kommt an den Tisch und fragt: „Na Martin, kleines Solo am Tisch wie immer?"

Martins Frau hat genug, springt auf, schnappt sich ihren Mantel und rennt aus der Bar. Martin hinterher und kann sich gerade noch neben sie auf den Rücksitz des Taxis werfen, worauf sie anfängt zu schreien und zu heulen. Dreht sich der Taxifahrer rum und sagt: „Mensch Martin, da haste aber heute ne richtige Zicke abgeschleppt, was?"

Warum gibt es die Pille für den Mann noch nicht?
Weil man für Ärsche normalerweise Zäpfchen nimmt.

Er fragt Sie nach dem Sex: „Du Liebling, wärst Du gerne manchmal ein Mann?" Sie: „Nein, und du?"

Die Tochter zur Mutter: „Mama, Mama ... der Hund fickt!" -
„Dann schau weg ..." - „Aber es tut so weh...!"

Was ist eine Blondine, die einen Kopfstand macht?
Ne Brünette mit Mundgeruch.

Nachts. Verkehrskontrolle. Der Autofahrer hat keine Papiere. Sagt der Polizist: „Wir müssen Ihre Personalien überprüfen. Wie heißen Sie?" „Franz Beckenbauer." „Sie wollen mich wohl verkohlen. Den kenn ich doch. Also noch mal, wie heißen Sie?" „Johann Wolfgang von Goethe." „Na also, geht doch."

Zwei Holländer besteigen einen Flug nach London. Einer nimmt den Fensterplatz, der andere setzt sich neben ihn auf den mittleren Platz. Kurz vor dem Start setzt sich ein Deutscher auf den Platz am Gang.

Nach dem Start zieht der Deutsche seine Schuhe aus, wackelt mit seinen Zehen und macht es sich gemütlich, als der Holländer auf dem Fensterplatz sagt: „Entschuldigen Sie, ich muss aufstehen und mir eine Cola holen."

„Bleiben Sie ruhig sitzen", sagt der Deutsche, „ich sitze am Gang. Ich hol' Ihnen Ihre Cola."

Kaum ist er aufgestanden, nimmt einer der Holländer einen seiner Schuhe und spuckt hinein. Als er mit der Cola zurückkehrt, sagt der andere Holländer: „Das sieht gut aus, ich hätte auch gerne eine." Wieder erklärt sich der Deutsche bereit, sie zu holen. Als er weg ist, nimmt der andere Holländer den anderen Schuh und spuckt ebenfalls hinein. Als der Deutsche zurückkommt, lehnen sie sich alle zurück und genießen den Flug.

Als das Flugzeug zur Landung ansetzt, zieht der Deutsche seine Schuhe an und bemerkt sofort was passiert ist.

„Warum nur?" fragt er, „Wie lange wird das noch weitergehen? Dieser Kampf zwischen unseren Nationen. Dieser Hass. Diese Animositäten. Dieses In-die-Schuhe-Spucken und In-die-Cola-Pissen."

Die Ehefrau steht nackt vor dem Spiegel:„Meine Haut wird schrumpelig und schlapp, meine Brüste hängen, mein Hintern ist zu dick. Bitte, Schatz, sag mir etwas Positives!" Darauf er: „Na ja, mit deinen Augen ist offenbar alles in bester Ordnung."

Ein Ehepaar speist beim Italiener. Der Frau rutscht ein großer Löffel mit Tomatensauce aus der Hand und fällt auf ihre Bluse. Sie schaut an sich hinab und sagt: „Ich sehe aus wie ein Schwein." Darauf ihr Mann: „Und gekleckert hast du auch noch."

Die Lehrerin will sich gleich beliebt machen und sagt, dass sie Schalke-Fan ist und fragt die Klasse, wer sonst noch Schalke-Fan ist.
Alle Hände gehen nach oben, nur ein kleines Mädchen meldet sich nicht.
Die Lehrerin fragt: „Warum meldest du dich denn nicht?"
„Na, weil ich kein Schalke-Fan bin!"
„Zu welchem Verein hältst du denn dann?"
„Ich bin FC Bayern-Fan und stolz darauf!"
„Ja, warum denn ausgerechnet Bayern?"
„Weil mein Vater aus München kommt, bei der Allianz arbeitet und als Jugendlicher bei den Amateuren der Bayern gespielt hat, meine Mutter aus München kommt und Wiesn-Bedienung bei Paulaner ist. Beide sind Bayern-Fans, also bin ich es auch!"
„Aber Kind, du musst doch deinen Eltern nicht alles nachmachen! Stell dir doch nur mal vor, deine Mutter wäre eine Prostituierte und dein Vater ein alkoholabhängiger Arbeitsloser, was wäre denn dann?"
„Ja gut, dann wäre ich wohl auch Schalke-Fan."

Ein junger katholischer Pfarrer wird als Vertretung des alten, ortsansässigen Pfarrers gerufen, da dieser zu einer Kirchentagung muss. Am zweiten Tag seiner Vertretungszeit kommt ein Mann und möchte beichten. Er sagt: „Vater, ich habe gesündigt, ich habe gestern mit meiner Frau Analverkehr betrieben." Der junge Pfarrer fühlt sich etwas überfordert, da er nicht weiß, welche Strafe der alte Pfarrer darauf geben würde. Also bittet er den Mann, kurz zu warten, verlässt den Beichtstuhl und zitiert einen der Messdiener zu sich, um ihn um Rat zu fragen. „Sag mal, was gibt der Alte für Analverkehr?", fragt er. Der Messdiener: „Och, mal ein Mars, mal ein Snickers."

Eine Frau will für ihren Mann ein Haustier kaufen. Sie geht in ein Zoogeschäft, findet aber die Preise sehr hoch. Als sie den Inhaber nach günstigen Tieren fragt, bietet der ihr einen Frosch für 25 Euro an. Sie wundert sich, warum auch dieses Tier so teuer ist. Er erklärt ihr, dass es ein ganz besonderer Frosch sei. Er könne blasen! Sie überlegt nicht lange und kauft den Frosch, mit dem Hintergedanken, es selber nicht mehr machen zu müssen. Sie überreicht den Frosch ihrem Mann. Dieser ist sehr skeptisch, aber gleich heute Abend will er es ausprobieren. Mitten in der Nacht wacht die Frau auf, da sie in der Küche Töpfe und Pfannen klappern hört. Als sie in die Küche geht, sieht sie ihren Mann und den Frosch das Kochbuch durchackern. Fragend schaut die Frau ihren Mann an, der sagt: „Sobald der Frosch kochen kann, fliegst du raus!"

Was ist eine Kuh auf Schiern?
Ne Muhschi.

Ein Paar auf der Wiese beim heißen Liebesspiel. Plötzlich steht sie nörgelnd auf.
„Ich wäre froh, wenn Du endlich zum Augenarzt gehen würdest!"
„Warum?" „Weil Du seit fünf Minuten ins Gras beißt!"

Was ist der Unterschied zwischen einem Mann der betrunken ist und einem Mann der Viagra nimmt? Der eine hat so einen sitzen, dass er nicht mehr stehen kann und der andere hat so einen stehen, dass er nicht mehr sitzen kann.

Die Ehefrau empfängt an der Haustür ihren Mann. Hinter ihrem Rücken versteckt sie schnell den Vibrator: „Schatz, was ist los? Warum kommst du heute schon so früh nach Hause, und warum weinst du?" – „Ich wurde gefeuert. Im Geschäft hat man mich durch eine Maschine ersetzt."

Ein Ehepaar hat wieder einmal Streit. Er: „Wenn du stirbst, besorge ich dir einen Grabstein mit der Inschrift: ‚Hier liegt meine Frau – kalt wie immer.'" Darauf sie: „Und wenn du stirbst, stelle ich einen Grabstein hin, auf dem steht: Hier liegt mein Mann – endlich steif!'"

Ein Einzelhandelskaufmann hat für seinen Laden einen Lehrling eingestellt. Natürlich will er ihm erst mal beweisen, welches Verkaufstalent er hat. Eine junge Frau kommt in sein Geschäft und möchte eine Packung Gardinenreiniger kaufen. Der Verkäufer stellt aber noch eine Flasche Glasreiniger daneben. Daraufhin fragt die Frau, was sie mit der Flasche Glasreiniger anfangen soll. Der Verkäufer antwortet: „Wenn sie schon einmal ihre Gardinen waschen, können sie doch gleich die Fenster mitputzen." „Eine gute Idee!", meint die Frau und kauft beide Sachen." „Siehst du, so geht das", protzt der Verkäufer vor seinem Lehrling, „und jetzt bist du dran." Wieder kommt eine Frau ins Geschäft, sieht sich um und will ein Päckchen Tampons kaufen. Der Lehrling stellt eine Flasche Glasreiniger neben die Tampons. Die Frau schaut ihn ganz verdutzt an und fragt: „Was will ich denn mit einer Flasche Glasreiniger?" Darauf der Lehrling: „Wenn sie jetzt schon 5 Tage nicht ficken können, können sie doch wenigstens mal die Fenster putzen."

Der Gockel kommt ganz aufgeregt aus dem Hühnerstall gelaufen! "Ich hab mich vertan, vertan, vertan!" Kommt die Ente raus und wackelt mit dem Hinterteil. "Macht ja nichts, macht wirklich nichts!"

Das junge Paar frühstückt.
Er: „Liebling, die Eier..."
Sie: „Hart oder weich?"
Er: „Kraulen!!"

Ein Zweijähriger und ein Dreijähriger unterhalten sich. Meint der Dreijährige: „Gestern hab ich bei uns ein Kondom auf der Terrasse gefunden!" Darauf der Zweijährige: „Was ist denn eine Terrasse?"

In der völlig überfüllten Straßenbahn treffen sich zwei Freunde. „Wie geht's, und was hast du vor?", fragt der eine. Darauf der andere: „Kann ich dir jetzt nicht sagen, wegen der vielen Leute hier." – „Wenigstens ein Stichwort", bettelt der andere. Darauf antwortet jener: „Ficken."

Drei Männer kommen an der Himmelspforte an. Petrus fragt den ersten: „Wozu hast Du auf Erden Deinen Penis benutzt?" - „Zum Wasserlassen, ab und zu habe ich allerdings auch ein wenig Unzucht getrieben." Ärgerlich schickt ihn Petrus in die Hölle und fragt den zweiten das gleiche. „Ich habe ihn zu gleichen Teilen zu beiden Zwecken hergenommen." Petrus verärgert: „Ab zum Teufel!" Schließlich stellt Petrus noch dem Dritten die Frage. Der antwortet resignierend: „Ich habe nur zu 10 Prozent gepinkelt, und zu 90% gevögelt. Ich mache mich schon mal auf den Weg nach unten." - „Quatsch! Willkommen, mein Sohn! Wir sind hier im Paradies und nicht in einem Pissoir!"

Eine verheiratete Frau ist beim Gynäkologen. „Mein Gott, Sie haben die größte Vagina, die ich je gesehen habe." Die Frau will sich selbst überzeugen. Sie geht nach Hause, zieht sich aus, nimmt den Spiegel von der Wand, legt ihn auf die Erde und stellt sich darüber. Genau in diesem Moment betritt ihr Mann das Zimmer. „Was machst du denn da?" „Äh, nur ein bisschen Gymnastik!" Meint ihr Mann: „Dann pass bloß auf, dass Du nicht in das Loch fällst…"

„Du Papa, wenn du mir fünf Euro gibst, sag ich dir, was der Briefträger immer morgens zur Mama sagt." Der Vater überlegt kurz: „Okay, hier hast du zehn Euro, also, was spricht er?" – „Guten Morgen, Frau Maier, hier ist die Post."

Zwei Freunde unterhalten sich. „Ich habe gestern eine Fee getroffen, und sie hat mir einen Wunsch gewährt. Ich hatte die Wahl zwischen einem super Gedächtnis und einem 30 cm langen Penis." – „Und wie hast du dich entschieden?" – „Hab ich vergessen."

Eine europäische Reisegruppe macht eine Expedition durch den Dschungel, als sie von einem Kannibalenstamm überfallen werden. Nur der Deutsche und der Österreicher überleben den Angriff. Der Häuptling gibt beiden noch eine Chance, nicht im Kochtopf zu landen: „Lauft und besorgt mir 100 Stück von einer Frucht. Dies ist der erste Teil von zwei Aufgaben, wer beide erfüllt, soll frei sein." Nach nur einer Stunde kommt der Deutsche zurück, im Schlepptau 100 Beeren. Der Häuptling meint: „Die erste Aufgabe hast du erfüllt. Nun musst du nur noch jede einzelne Beere in deinen Hintern stecken, ohne dabei nur im Geringsten zu lachen." Der Deutsche fängt an mit 1 Beere, 2 Beeren, 3 Beeren und verzieht dabei keine Miene … 50 Beeren, 51 Beeren, 52 Beeren ... todernst macht er weiter... 97 Beeren, 98 Beeren ... und plötzlich fängt er lauthals an zu lachen. Der Häuptling fragt ihn, warum er lachen würde, wo er doch nur noch 2 Beeren zur Freiheit gebraucht hätte. Der Deutsche kriegt sich nicht ein vor Lachen und sagt dann prustend: „Da hinten kommt der Österreicher, der hat Kokosnüsse gesammelt!"

Eine Giraffe und ein Häschen unterhalten sich. Sagt die Giraffe: „Häschen, wenn du wüsstest, wie schön das ist, einen langen Hals zu haben. Das ist sooo toll! Jedes leckere Blatt, das ich esse, wandert langsam meinen langen Hals hinunter, und ich genieße diese Köstlichkeit sooo lange." Das Häschen guckt die Giraffe ausdruckslos an. „Und erst im Sommer, Häschen, ich sage dir, das kühle Wasser ist sooo köstlich erfrischend, wenn es langsam meinen langen Hals hinuntergleitet. Das ist sooo schön, einfach toll, einen so langen Hals zu haben. Häschen, kannst du dir das vorstellen?" Das Häschen antwortet ohne Regung: „Schon mal gekotzt?"

Für einen Werbespot werden 3 Katzen eingeladen, die eine neue Sorte Brekkies testen sollen. Die erste Katze ist die eines Architekten, die Zweite die eines Chemikers und die Dritte die eines Designers.
Alle drei sitzen vor ihren Futternäpfen voller Brekkies.
Die Katze des Architekten nimmt die Brekkies, baut damit 4 Wände, zieht einen Boden ein, setzt ein Dach drauf und umzäunt es mit den restlichen Brekkies. Als sie fertig ist, bewundert sie ihr Machwerk und frisst es auf.
Die Katze des Chemikers nimmt die Brekkies, zerkleinert sie, gibt sie in einen Glaskolben, fügt etwas Milch hinzu und löst das Ganze unter ständigem Rühren auf. Als sie fertig ist, bemustert sie die Lösung und trinkt sie aus.
Die Katze des Designers nimmt die Brekkies, pulverisiert sie, nimmt einen Strohhalm, zieht sich den Stoff durch die Nase, vögelt die anderen beiden Katzen durch und schreit:
„ICH KANN SO NICHT ARBEITEN!"

Ein Artist kommt auf die Bühne und holt seine Männlichkeit aus der Hose, steckt sie einem lebendigen Krokodil in den Rachen. Das Maul klappt zu - das Publikum hält den Atem an. Dann holt der Artist einmal aus und haut dem Krokodil eins auf den Kopf. Das Krokodil ist völlig perplex, reißt den Rachen wieder auf - und wohlbehalten freut sich der Artist über die gelungene Dressurnummer.

Die Menge ist begeistert und will eine Zugabe. Der Artist zeigt das Kunststück nochmals. Hose auf, Lümmel raus, Maul vom Krokodil auf, Lümmel rein, Klappe zu, Schlag auf den Kopf, Maul auf, Lümmel raus - alles dran geblieben.

Der Zirkusdirektor prahlt: „2000 Euro, meine Damen und Herren, 2000 Euro, wer sich das auch traut!"

Keiner meldet sich. 5000 Euro", erhöht der Direktor.

Da meldet sich von der hintersten Reihe eine Blondine: „Ok, ich will es versuchen, aber nur unter einer Bedingung, er darf mir nicht so heftig auf den Kopf hauen."

Beim Vaterschaftsprozess begleitet die beste Freundin die junge Mutter. Der Richter fragt sie: "Haben Sie auch eine Ladung bekommen?" - "Nein, mich hat er nur geküsst ..."

Der Vater läuft abends an der Tür des Juniors vorbei und hört ihn beten: „Gott schütze meine Mutter, meinen Vater, meine Schwester Nicole und meine Großmutter!" Der Vater denkt sich: „Hm, hat er doch den Großvater vergessen." Am nächsten Tag kommt ein Telegramm. Der Großvater ist an einem Herzinfarkt gestorben. Am Abend geht der Vater wieder vor die Tür und lauscht: „Gott schütze meine Mutter, meinen Vater und meine Schwester Nicole!" Der Vater denk sich wieder, dass er doch heute die Großmutter weggelassen hat. Und wirklich, am nächsten Tag fällt die Großmutter die Treppe runter, bricht sich das Genick und ist tot. Abends geht der Vater nun natürlich wieder lauschen: „Gott schütze meine Mutter und meine Schwester Nicole!" Der Vater natürlich vollkommen nervös und denkt sich: „Morgen bin ich eben besonders vorsichtig." Der Vater geht zur Arbeit und kommt abends wieder zurück, nichts ist passiert.
Fragt er seine Frau: „Gibt es denn was neues?"
Meint die Frau: „Nö, eigentlich nicht - oh doch, unser Postbote ist gestorben ..."

Im schottischen Hochland erreicht ein müder, hungriger Wanderer ein Wirtshaus namens „George und der Drache". Der Mann klopft und die Frau des Wirts streckt ihren Kopf aus dem Fenster. „Habt ihr etwas zu essen für mich übrig?", fragt der Wanderer mit leiser Stimme. Die Frau wirft einen abschätzigen Blick auf seine abgerissene Gestalt und knallt wortlos das Fenster zu. Der Wanderer klopft noch einmal. „Was ist denn noch?", keift die Frau, worauf der Mann entgegnet: „Entschuldigung, aber könnte ich vielleicht mit George sprechen?"

Ein LKW-Fahrer fährt über die Landstraße, als er plötzlich ein kleines blaues Männchen am Straßenrand stehen sieht. Er hält an und fragt: „Na, was bist Du denn für einer?" Das kleine blaue Männchen antwortet: „Ich komme von der Venus, bin schwul und habe Hunger!" Der LKW-Fahrer antwortet: „Tut mir leid, ich kann Dir nur ein Brötchen geben, das ist alles, was ich für Dich tun kann!" Er gibt dem blauen Männchen sein Brötchen und fährt weiter, bis er am Straßenrand ein kleines rotes Männchen stehen sieht. Er hält wieder an und fragt: „Na, was bist Du denn jetzt für einer?" Das kleine rote Männchen sagt: „Ich komme vom Saturn, bin schwul und habe Durst!" Der LKW-Fahrer gibt dem roten Männchen eine Cola und sagt: „Tut mir leid, das ist alles, was ich für Dich tun kann!", Er fährt weiter. Schließlich sieht er ein kleines grünes Männchen am Straßenrand stehen. Er hält wieder an und sagt: „Na, Du kleines grünes, schwules Männchen, was kann ich Dir denn geben?" Sagt das grüne Männchen: „Führerschein und Fahrzeugpapiere, bitte!"

Kommt ein Mann zum Arzt und klagt über Schmerzen im Arm. Der Doktor sagt, er habe eine neue Methode, Diagnosen zu stellen: Eine Maschine, die Urin untersucht. Der Patient übergibt seinen Urin an die Maschine und die Maschine spuckt aus: „Der Patient hat einen Tennisarm." – „So ein Blödsinn", sagt der Mann, „ich habe noch nie im Leben Tennis gespielt." – „Okay", sagt der Arzt, „wir probieren es morgen erneut, allerdings mit Morgenurin. Bringen Sie den bitte mit." Der Patient gibt am nächsten Morgen den Urin vom Hund, von seiner Frau, seiner Tochter und seinen eigenen ins Töpfchen und bringt es zum Arzt. Die Maschine rattert und meldet: „Der Hund hat die Staupe, die Tochter ist schwanger, die Frau hat eine Geschlechtskrankheit und wenn der Patient nicht so viel onanieren würde, dann hätte er auch keinen Tennisarm."

Pinoccio klagt seinem Meister: "Immer wenn ich mit einer Frau zusammen bin, muss ich sehr vorsichtig sein und aufpassen wegen den Splittern." Der Meister: "Nun, dann nimm ein ganz feines Schleifpapier und schleife ganz fein." Nach einer Woche: "Nun Pinoccio wie geht es mit deinen Frauen?" Pinoccio: "Wozu brauche ich Frauen?"

Sie: „Hey Schatz, ich geh heute ins Fitness und mache Bauch-Beine-Po."
Er: „Davon hast du doch genug. Mach mal lieber Titten!"

Warum haben Männer mit Glatze Löcher in den Hosentaschen?
Damit sie sich auch mal durch die Haare fahren können!

Warum nennen Männer ihre Frauen so oft "Schatz"?
Weil sie sich nicht entscheiden können, ob sie Schaf oder Ziege sagen sollen.

Im Wartezimmer des Psychiaters führt sich einer wie Tarzan auf. Fragt ein anderer: „Wer hat Ihnen eigentlich gesagt, dass Sie Tarzan sind?" Im Brustton der Überzeugung kommt die Antwort: „Das weiß ich vom lieben Gott."
Da meldet sich ein dritter und fragt: „Was soll ich gesagt haben?"

Ist es sexuelle Belästigung, wenn ein Mann eine Frau mit den Worten "Ihr Haar riecht gut" anspricht? Ja, wenn ER ein Zwerg ist ...

Die junge Frau, die ein Baby erwartet, fragt den Arzt:
"Herr Doktor, welche Stellung muss ich einnehmen, wenn
ich das Kind zur Welt bringe?"
Sagt der Arzt: "Die gleiche, in der Sie sich befunden haben,
als Sie das Kind empfangen haben!" - "Waaas? " schreit die
Schwangere und ringt die Hände.
"Die Beine aus dem Schiebedach? "

Superman langweilt sich und will deshalb am Abend was
unternehmen. Da fliegt er zu Batman und fragt ihn, ob er
nicht mit ihm einen Hamburger essen gehen will, aber Batman
muss noch sein Batmobil reparieren, damit er am nächsten
Tag wieder Verbrecher fangen kann. Na gut, denkt sich
Superman und fliegt zu Spiderman. Er fragt ihn: ,,Sag mal,
hast du Lust auf einen Hamburger?", aber Spiderman muss
noch seine Spinnkanonen laden, damit er am nächsten Tag
wieder Verbrecher fangen kann. Also fliegt Superman weiter
und überlegt, was er mit dem angebrochenen Abend machen
kann. Da sieht er auf einem Hochhausdach Wonderwoman
liegen, nackt und mit ausgestreckten Armen und Beinen.
Er denkt sich, so schnell wie ich bin, kann ich sie doch mal
ficken … das wollte ich immer schon und sie merkt ja nicht,
wer es war. Gedacht, getan, geht er in den Sturzflug … zack
zack … und fliegt weiter. Wonderwoman hat das gehört und
fragt: ,,Was war denn das?". ,,Keine Ahnung", sagt der Un-
sichtbare, reibt sich den Arsch", es hat aber verdammt weh
getan!"

Ein Frosch hüpft vergnügt durchs hohe Gras und ruft: „Ich bin ein Schwan. Ich bin ein Schwan." Da kommt der Storch vorbei und sagt zu ihm: „Hey, Frosch, bist du bekloppt? Du bist doch kein Schwan." Darauf zieht der Frosch seine Hose runter: „Doch, schau mal." Der Storch ist baff: „Mein lieber Schwan!" – „Ich bin ein Schwan", ruft der Frosch und hüpft davon.

Eine Nonne ist schwanger. „Aber Herr Doktor, das ist unmöglich - ich habe noch nie etwas mit einem Mann gehabt." „Die Anzeichen sind aber eindeutig. Sie sind schwanger!" „Meine Güte, was die Leute heutzutage alles an die Kerzen schmieren!"

Ein Vater will herausfinden, wie viel seine 6-, 10- und 14 jährigen Töchter bereits über Sex wissen. Er geht also zu seiner ältesten Tochter, lässt die Hosen runter und fragt sie, was das da unten sei. Die 14-jährige Tochter: "Ein Penis!" Vater: "Und was macht man damit?" Tochter: "Ficken!" Der Vater verpasst ihr eine Ohrfeige: "Schäm dich! Du bist doch noch zu jung dafür!" Nun geht er zu seiner 10-jährigen Tochter und lässt wieder die Hosen runter: Der Vater: "Was ist den das?" Die Tochter: "Ein Penis!" Der Vater: "Was macht man damit?" Die Tochter: "Ficken!" Der Vater teilt wieder eine Ohrfeige aus und sagt: "Schäm dich! Du bist doch noch viel zu jung für so was!" Dann geht er zu seiner jüngsten Tochter und dasselbe Spielchen beginnt: Hosen runter und die Frage: "Was ist das?" Die Tochter: "Ein Penis!" Der: "Was macht man damit?" Die Tochter: "Spielen!" Der Vater: "Spielen? Was meinst du damit?" Die Tochter: "Na spielen eben. Zum Ficken ist er zu klein!"

Kommt ein Schwuler in eine öffentliche Toilette und sieht neben sich einen Mann stehen mit einem riesigen Schwanz. Sagt der Schwule: "Ach, den hätte ich ja gerne mal drinnen!" Darauf der Mann: "...das ist gar kein Problem, aber ein Zentimeter von meinem Schwanz kostet dich 10 Euro" – "Ach Gott", sagt der Schwule, "ich habe doch nur noch 100 Euro" - "Tja", sagt der Mann, "dann kriegst du auch nur 10 Zentimeter eingeführt" Gesagt getan – auf einmal geht hinter dem Mann schwungvoll die Toilettentür auf und knallt ihm ins Kreuz. Dabei dringt er bei dem Schwulen natürlich bis zum Anschlag ein. "Ach herrje", sagt der Schwule "jetzt hab ich den Ganzen Arsch voller Schulden".

Ein Mann ist neu in der Stadt und will erst einmal ein wenig Spaß haben. Er geht also in den nächsten Puff. Schnell wird er sich über den Preis einig und geht mit der Dame auf's Zimmer. Als sie sich aussieht, bemerkt er, dass sie kein Schamhaar hat. „Was, keine Wolle da unten, bei uns zu Hause haben alle Frauen Wolle da unten." – „Hey, will'ste stricken oder ficken?"

Ein Mann kommt zum Arzt und möchte sich sterilisieren lassen. Dieser klärt ihn über den Verlauf der Operation auf und fragt ihn, ob er sich wirklich sicher sei: „Haben Sie mit Ihrer Familie darüber gesprochen?" – „Ja", antwortet der Mann, „sie haben abgestimmt. Das Ergebnis war eindeutig: 15 zu 7."

Georg beklagt sich über seine Schmerzen an seiner Hand und erzählt seinem Freund, dass er unbedingt zum Arzt muss, da er es nicht mehr aushalten kann. „Warum zum Arzt? Jetzt gibt es doch Supercomputer, die alle möglichen Krankheiten diagnostizieren können und viel billiger sind als ein Arzt. Geh mal zum Supermarkt an der Ecke, nimm eine Urinprobe und 5 € mit und dann wirst Du sehn." Als er nach Hause geht, denkt Georg über den Vorschlag seines Freundes nach. Immerhin kostet ihn das höchstens 5 €, also geht er am nächsten Tag mit einer Urinprobe zum Supermarkt, stellt die Urinprobe in den Computer und steckt 5 € in den Schlitz. Der Computer fängt an zu arbeiten, die farbigen Lichter leuchten und blinken und schließlich kommt ein Papier heraus auf dem steht:

Diagnose: Sie haben eine Sehnenscheidenentzündung an der rechten Hand.

Abhilfe: Tauchen Sie zwei Wochen lang jeden Abend die Hand in warmes Wasser.

Vermeiden Sie schwere Lasten.

Georg kann es nicht glauben. Die Wissenschaft hat wirklich enorme Fortschritte gemacht. Aber mit der Zeit kommen ihm Zweifel, ob der Computer wirklich so perfekt ist. Am nächsten Morgen nimmt er ein Fläschchen und gibt etwas Leitungswasser hinein. Seinem sabbernden Hund entnimmt er etwas Speichel und vermixt das Ganze. Von seiner Frau nimmt er etwas Urin und den Tampon seiner Tochter wringt er aus. Zur Krönung holt er sich einen runter und mischt das auch noch hinein.

Dann geht er zum Supermarkt, stellt das Fläschchen an seinen Platz und wirft 5 € ein. Der Computer fängt an zu arbeiten, die Lichter blinken, es wird immer heftiger, die Lichter blinken immer schneller, der Computer droht zu explodieren. Dann schmeißt er ein Papier aus, auf dem steht:

Diagnose: Ihr Leitungswasser ist zu kalkhaltig und unsauber.

Abhilfe: Kaufen Sie sich einen Entkalker und einen Reinigungsapparat.

Diagnose: Ihr Hund hat Würmer:

Abhilfe: Unterziehen Sie ihn einer Wurmkur.

Diagnose: Ihre Tochter ist Kokainsüchtig.

Abhilfe: Veranlassen Sie sofort eine Entziehungskur.

Diagnose: Ihre Frau ist schwanger und kriegt Zwillinge. Sie sind nicht von Ihnen.

Abhilfe: Konsultieren Sie umgehend einen Anwalt Ihrer Wahl.

Ein dringender Rat: Hören Sie mit dem Wichsen auf, sonst wird Ihre Sehnenscheidenentzündung auch nicht besser!

Mann rempelt Frau an der Hotelrezeption an.
Beide gucken etwas verstört.
Mann: "Wenn Ihr Herz so weich ist wie Ihr Busen,
werden Sie mir verzeihen."
Frau: "Wenn Ihr Ding so hart ist wie Ihr Ellenbogen,
bin ich in Zimmer 246... "

Was ist der Unterschied zwischen einem
Penis und einem Reisepass?
Den Reisepass kann man verlängern.

Ein Bademeister sitzt am Strand in seinem Stuhl, plötzlich
sieht er einen Blinden mit einer Gummipuppe am Strand
entlanggehen. Er springt auf, geht zu dem Blinden. „Entschuldigen
Sie, Sie können doch hier nicht mit der Gummipuppe
durch die Gegend laufen, hier sind viele Kinder unterwegs!"
Blinder: „Mit was bitte?" „Na, mit der Gummipuppe, die sie da
tragen!" Blinder: „Scheisse, jetzt hab ich den ganzen Winter
mein Schlauchboot gebumst!"

Was hat Miss Piggy, wenn sie zwei grüne
Kugeln in der Hand hält?
Kermits ungeteilte Aufmerksamkeit.

Die junge Mutter hört entsetzt, dass ihr Kind in der ersten Schulklasse Wörter wie "Orgasmus" gelernt hat. Erbost ruft sie den Lehrer an. "Wie wird das erst im zweiten Schuljahr sein?" - "Wenn Ihr Kind 'ficken' weiterhin mit zwei g schreibt, wird es nie in die zweite Klasse kommen."

Ein kleiner Bub kommt zu seinem Vater: „Du Papa, host du gestern Abend no a Weisswurscht gessen?" Der Vater erstaunt: „Na, warum fragst?" Der Sohn: „Naja, weil no die Haut aufm Nachtkastl liegt..."

Sagt ein Geselle zu seinem Chef „ Ich erkenne jedes Holz am Geruch." Darauf sagt der Meister: „Das glaube ich dir nicht." Der Geselle verbindet sich die Augen. Darauf holt der Meister ein Stück Holz und lässt den Gesellen daran riechen. Der Geselle gibt seine Antwort: „Eiche und zwanzig Jahre." Der Meister skeptisch: „Das war bestimmt nur Glück." Daraufhin lässt der Chef noch ein Stück Holz holen. Der Geselle riecht wieder daran und sagt „ Buche, frisch gehauen." Der Meister denkt sich, der Junge ist gut, aber jetzt lege ich ihn rein und lässt die Sekretärin des Betriebs holen. Die setzt sich auf den Werktisch und zieht den Rock hoch und den Schlüpfer aus. Der Geselle geht zu ihr und riecht. Ein wenig verunsichert meint er dann: „Das ist schon schwieriger, aber ich würde sagen, es ist eine Scheißhaustür von einem alten Fischkutter."

Einem Mann erscheint die gute Fee: "Du hast einen Wunsch frei!" Nach kurzer Überlegung antwortet der Mann, da er gerne Champagner trinkt: "Ich möchte am liebsten Champagner pinkeln." - "So soll es sein!", antwortet die Fee. Zu Hause angekommen probiert er es sofort aus: "Sieht aus wie Champagner, riecht wie Champagner und schmeckt wie Champagner!" Er ruft laut nach seiner Frau:"Liebling bring mir ein Glas!" Sie:"Warum denn nur eines?" Er:"Du trinkst aus der Flasche!"

Der Nikolaus ist auf die Erde gekommen. Er trifft Fritzchen und fragt ihn: „Was wünscht du dir zu Weihnachten?" Fritzchen: „Das sage ich nicht!" "Ich weiß es aber trotzdem", antwortet der Nikolaus "Du wünscht dir ein Feuerwehrauto!" Fritzchen ist erstaunt und fragt: „Woher weißt du denn das?" Nikolaus reibt Fritzchen die Nase zwischen Daumen und Zeigefinger: „Das habe ich an deiner Nasenspitze ablesen können. Ich weiß auch, dass du dir noch ein Fahrrad wünscht!" Fritzchen ist wieder erstaunt: „Woher weißt du das?" Nikolaus reibt wieder Fritzchens Nase zwischen Daumen und Zeigefinger und sagt: „Das habe ich an deiner Nase ablesen können. Außerdem kenne ich auch deinen größten Wunsch: eine Eisenbahn!" – Fritzchen ist schon ganz aus dem Häuschen und fragt wieder: „Woher weißt du das?" Der Nikolaus reibt wieder die Nase zwischen Daumen und Zeigefinger: „Auch das habe ich an deiner Nasenspitze ablesen können." – Da sagt Fritzchen: „Stimmt es, dass die Engel im Himmel keine Höschen anhaben?!" Diesmal staunt der Nikolaus: „Woher weißt du das? Hast du es an meiner Nasenspitze gesehen?" Fritzchen: „Nein, ich habe es an deinen Fingern gerochen!"

Zwei Golfer sind am 6. Loch angelangt, als sich auf der gegenüberliegenden Straßenseite ein Trauerzug in Bewegung setzt. Der eine Golfer hält inne, zieht die Mütze und wartet, bis der Zug vorüber ist. Danach sagt sein Mitspieler: „Das war aber eine sehr schöne Geste von Ihnen." Darauf der Erste: „Ja, wir waren aber auch mehr als dreißig Jahre verheiratet."

Warum benutzen Männer keine schwarzen Kondome?
Weil schwarz dünn macht.

Hundert Ameisen sitzen auf einem Elefanten,
neunundneunzig fallen runter.
Da rufen sie der einen Ameise, die noch oben sitzt, zu:
"Würg ihn Hugo!!"

Kommt eine Frau zum Gynäkologen und legt sich auf den Stuhl. Der Arzt zieht sich seine Handschuhe an, dreht sich herum und kommt aus dem Staunen nicht mehr heraus. „Was ist das denn für eine Riesenvagina?". Die Frau schaut etwas verschämt und sagt: „Ich wurde auf der letzten Safari von einem Elefanten vergewaltigt." "Ja" meint der Arzt, "Elefanten kenne ich, aber deren Ding ist doch nicht so dick!" – "Stimmt" sagt sie, "aber vorher hat er noch ein wenig gefingert!"

Ich habe es gehasst, wenn ich auf Hochzeiten von meinen Tanten in die Wange gekniffen wurde und sie dabei sagten: „Du bist der Nächste". Sie haben davon abgelassen, seitdem ich sie auf Beerdigungen gekniffen habe.

Eine Schar Nonnen kommt zu Petrus und will in den Himmel.
Petrus zur ersten Nonne: „Hast du schon mal einen Penis angefasst?"
Die Nonne: „Ja, aber nur mit der Fingerspitze".
Petrus: „Dann tauche deine Fingerspitze ins Weihwasser und geh in den Himmel."
Petrus zur zweiten Nonne: „Hast du schon mal einen Penis angefasst?"
Die Nonne: „Na ja, ich muss gestehen, ich habe ihn massiert."
Petrus: „Dann tauche deine Hand ins Weihwasser und geh in den Himmel."
Plötzlich entsteht Unruhe in der Schlange, weil sich eine der Nonnen vordrängelt.
Petrus fragt die Nonne: „Warum drängelst du dich vor?"
Die Nonne: „Na wenn ich das Zeug schon gurgeln muss, dann will ich es tun, bevor Schwester Maria ihren Arsch rein hält."

Die Kinder spielen im Keller. Weil es so verdächtig still ist, ruft die Mutter herunter: „Was macht ihr da?" „Wir ficken!" „Na dann ist gut. Ich dachte schon, ihr raucht."

In einem Lokal kommt eine bildhübsche junge Frau zum Barmann und fragt ob er selbst der Chef des Lokals ist. Der sagt, dass er gerade den Chef vertrete. Daraufhin fängt sie an, ihm über sein Gesicht zu streicheln, über seine Lippen und durch sein Haar. Der junge Mann wird immer erregter als sie ihm schließlich erst einen und dann mehrere Finger in den Mund steckt. Er küsst ihre Finger und leckt sie mit Genuss. Nach einiger Zeit zieht sie ihre Hand zurück und sagt: „So mein Süßer, wenn du deinen Chef siehst, sag ihm, dass es auf den Toiletten weder Toilettepapier noch Seife und Wasser gibt…

„Also Mama…", meint die Tochter, „…das mit dem Befruchten habe ich jetzt verstanden. Papas Samen muss an eines deiner Eier kommen und dann entsteht ein Kind. Aber was ich nicht verstehe: Wie kommt denn der Samen an das Ei? Musst du den schlucken, wenn du ein Kind willst?". Da ruft Papa aus dem Wohnzimmer: „Nee, schlucken muss sie ihn nur, wenn sie ein neues Kleid will!".

Kommt ein Mädchen ins Bad und sieht die Mutter unter der Dusche. Mädchen: "Mama, was hast du denn da?" Mutter: "Das ist mein Busen, den bekommst du auch einmal!" Mädchen: "Und was ist das da unten?" Mutter: "Das ist meine Schambehaarung, die bekommst du auch einmal!" Am nächsten Tag sieht sie den Vater unter der Dusche. Mädchen: "Papa, was hast du denn da?" Vater: "Das ist mein Penis!" Mädchen: "Ja ich weiß, den bekomm ich auch irgendwann einmal!" Vater: "Stimmt schon, aber nicht irgendwann, sondern schon nächste Woche, wenn Mama zur Kur ist!

Kommt ein Mann mit einem blauen Auge zum Stammtisch. Seine Kumpel fragen: „Ey, woher haste das denn?"
„Ich habe zu meiner Frau ‚Du' gesagt."
„Wie das denn, warum – weshalb – wieso?"
„Na ja, das war so – gestern sagte meine Alte: ‚Liebling, wir hatten seit vier Wochen keinen Sex mehr!' – und ich hab geantwortet: ‚Du...'."

Stehen auf zwei durch einen Stacheldrahtzaun getrennten Weiden eine wunderschöne Kuh und ein Bulle namens Hannibal. Die Kuh macht Hannibal schöne Augen und ruft: „Komm zu mir rüber, starker Hannibal!" Hannibal lässt sich das nicht zweimal sagen, nimmt Anlauf...

...springt...

... und landet vor der Kuh.

Diese ist überglücklich: „Hannibal, oh Hannibal!"

Sagt er: „Ich bin Hanni, die Bälle hängen dort am Zaun."

Zur Zeit sind wieder diverse Trickbetrüger mit einer neuen Masche unterwegs. So funktioniert der Trick: Zwei sehr gut aussehende ca. 18jährige Mädchen kommen auf dem Supermarkt-Parkplatz zu deinem Auto, während du deine Einkäufe in den Kofferraum packst. Die Mädchen beginnen dann mit Fensterspray und Lappen deine Windschutzscheibe zu reinigen (wobei ihnen fast die Brüste aus dem BH springen). Wenn du dich mit einem Trinkgeld bedanken willst, weisen sie es ab, bitten dich aber sie zu einem anderen Supermarkt zu fahren. Willigst du ein, steigen beide Mädchen auf den Rücksitz, wo nach kurzer Fahrt wildes Geknutsche beginnt. Meist klettert dann eines der beiden Mädchen auf den Beifahrersitz und beginnt dich zu befriedigen - während die andere deine Brieftasche klaut! Bitte seid vorsichtig! Meine Brieftasche wurde letzten Mittwoch, Donnerstag und Samstag auf genau diese Art gestohlen. Heute sogar schon zweimal! Seid auf der Hut!

Kommt ein Mann mit gezogener Pistole in die Bank und kassiert alles Bargeld. Neben ihm steht ein Kunde, er sagt zu ihm: „Haben Sie gesehen, dass ich die Bank ausgeraubt habe?" – „Ja, habe ich gesehen." Daraufhin erschießt der Bankräuber den Mann. Er dreht sich um zum nächsten Kunden und fragt: „Haben Sie gesehen, dass ich die Bank ausgeraubt habe?" – „Ich nicht, aber meine Frau!"

Verwirrt kommt die 13-jährige Tochter nach Hause: „Mutti, Mutti, in der U-Bahn saß ein Mann neben mir. Erst hat er mir die Hand auf die Schulter gelegt, dann auf's Knie, dann auf den Bauch, und dann..." - „Hör auf," schreit die Mutter, „du machst mich noch ganz geil!"

„Sag mal, Papi, was versteht man eigentlich unter dem Begriff 'pervers'?" – „Ach, halt doch die Klappe, und knöpfe mir endlich den BH auf!!!"

Zoologe: „Lasst uns einen Hund kaufen..."
Sadist: „...ja, dann quälen wir ihn!"
Killer: „...und dann töten wir ihn!"
Nekrophiler: „...danach ficken wir ihn!"
Pyromane: „...und dann verbrennen!"
Masochist: „...wuff."

Wie lang kannste einen Kitzler ziehen?
Bis du Eine in die Fresse bekommst...

Zwei Männer kommen aus dem Spielcasino, der eine nackt, der andere in Unterhose. Sagt der Nackte: „Ich bewundere dich, du weißt immer, wann du aufhören musst!"

Es wurden 4 Regenwürmer in verschiedene Gläser verteilt:
Der erste Regenwurm kam in ein Glas Alkohol.
Der zweite Regenwurm kam in ein Glas Sperma.
Der dritte Regenwurm kam in ein Glas mit Zigarettenrauch.
Der vierte Regenwurm kam in ein Glas mit Erde.
Ergebnis nach einem Tag:
Erster Wurm tot.
Zweiter Wurm tot.
Dritter Wurm tot.
Vierter Wurm lebendig.
Was lernen wir daraus?

Solange wir saufen, rauchen und vögeln bekommen wir keine Würmer...

Es ist Heilig Abend und klein Fritzchen und Paulchen bekommen ihre Geschenke. Paulchen bekommt ein teures Geschenk nach dem anderen: Ein Fahrrad, ein iPhone, eine PlayStation und schließlich sogar noch einen Hund. Fritzchen hingegen nur ein Bilderbuch und zwei Paar Socken. Paulchen meint gehässig zu Fritzchen: „Kann es sein, dass Papi und Mami mich viel lieber haben als dich?". Darauf antwortet Fritzchen: „Kann es sein, dass du Krebs hast?!".

Ein Jäger kommt zu einem abgebrannten Bauernhof. Davor steht ein weinendes Mädchen. Der Jäger fragt das Mädchen: „Was ist denn hier passiert?". Das Mädchen schluchzt: „Heute Nacht ist ein Blitz in unseren Hof eingeschlagen und alles ist sofort in Flammen aufgegangen. Meine Eltern sind tot, meine Geschwister sind tot, alle Tieren sind umgekommen…". Da öffnet der Jäger seine Hose und meint: „Tja, da hast du echt nen Scheißtag erwischt!".

Ein Mann sagt zu seiner Frau: „Ich wette, du schaffst es nicht, einen Satz zu sagen, der mich gleichzeitig fröhlich und traurig werden lässt." Die Frau antwortet wie aus der Pistole geschossen:„Schatz, du hast den größten Schwanz in der ganzen Nachbarschaft!"

Was ist der Unterschied zwischen einer Fliege und Lady Diana?
Die Fliege klatscht von außen an die Scheibe.

Der Zahnarzt zum Patienten: „Na...haben Sie gerade eben ihre Frau geleckt?".
Antwortet der Patient: „Wieso? Habe ich noch Schamhaare zwischen den Zähnen?".
Meint der Zahnarzt: „Nee, sie haben noch Scheiße am Kinn!".

Was haben Blondinen und Schildkröten gemeinsam?
Beide sind gefickt, wenn sie auf dem Rücken liegen.

In der Benimmschule fragt der Dozent seine drei Schüler: „Meine Herren, Sie haben eine charmante Dame zum Essen in ein Restaurant eingeladen und müssen mal auf die Toilette. Was sagen Sie?" Antwortet der erste: „Was soll ich groß sagen? Ich sag halt: Püppchen, ich muss jetzt mal aufs Pissoir pullern gehen." – „Um Gottes willen, das können Sie auf keinen Fall sagen." Antwortet der zweite: „Also, ich sage: Meine Dame, jeder muss mal müssen, und bei mir ist das jetzt so weit." – „Nun ja, das kann ich gerade noch so durchgehen lassen. Und was würden Sie sagen?", fragt der Dozent seinen dritten Schüler. „Ich stehe natürlich auf, verbeuge mich vor der Dame und sage: Schöne Frau, ich bitte Sie, mich für wenige Augenblicke zu entschuldigen. Ich werde jetzt nämlich diesen Raum kurz verlassen, um einem sehr guten Freund die Hand zu geben, den ich Ihnen im weiteren Verlauf des Abends auch noch vorstellen werde."

In einer Bar im wilden Westen klappt die Saloontüre auf und ein Pistolen-schwingender Mann stürzt herein. Der Barkeeper fragt: „Wer bist du?" Der Mann antwortet: „Ich bin Pistolen-Bill!" Zwei Minuten später stürzt ein Messer-schwingender Mann herein und der Keeper fragt auch ihn: „Wer bist du?" Der Mann antwortet: „Ich bin Messer Bill!" Die Türe klappt erneut auf und ein Mann mit 7 Armen stürzt herein und meint: „Ich bin Tscherno Bill!"

Kommt der Nikolaus in ein Behindertenheim und verkündet: „Wer ein Gedicht aufsagt, kriegt ein Geschenk von mir.
Das 1. Kind sagt daraufhin ein langes Gedicht auf.
„Das war ein langes Gedicht und deshalb bekommst Du ein großes Geschenk", lobt der Nikolaus.
Das 2. Kind sagt ein kurzes Gedicht auf. „Das war ein kurzes Gedicht und deshalb bekommst Du ein kleines Geschenk".
Meint das 3. Kind: „Nnng ek ninnnh dn drn!" - daraufhin unterbricht der Nikolaus: „Und wer mich verarschen will, kriegt gar nichts!".

Der Ehemann findet seine Frau mit dem Arzt im Bett. Der Arzt versucht zu erklären: "Ich wollte nur Fieber messen!" Der Mann holt seelenruhig sein Gewehr aus dem Schrank und meint: "Jetzt ziehen Sie ihn ganz langsam raus und wenn keine Zahlen draufstehen, dann Gnade Ihnen Gott!"

Er: „Schatz, ich hatte einen schweren Tag! Könntest du mir einen blasen?"
Sie: „Schatz, ich hatte auch einen schweren Tag. Wix doch ins Glas, ich trink es dann Morgen!

Wie ist Pinocchio drauf gekommen, dass er aus Holz ist?
Als er beim Wichsen in Flammen aufgegangen ist.

Welcher Bär springt am höchsten?
Der von Heike Henkel.

Was ist der Unterschied zwischen einem Minirock
und einem Rasenmäher?

Fass mal drunter!

Ein Deutscher und ein Italiener essen ein Hähnchen. Darauf
fragt der Italiener den Deutschen: "Was macht Ihr Deutschen
eigentlich mit den Knochen?"
Antwortet der Deutsche: "Was sollen wir damit machen? Die
schmeißen wir weg." Der Italiener: "Wir nicht, die werden bei
uns in eine Maschine geschmissen, klack, klack, klack – Mehl
für die Deutschen!" Der Deutsche schaut dumm aus der Wäsche.
Nach einiger Zeit essen sie Kirschen und wieder der Italiener:
"Was macht Ihr mit den Kernen?" Der Deutsche: "Die schmeißen
wir auch weg." Der Italiener: "Wir nicht, die werden bei
uns in eine Maschine geschmissen, klack, klack, klack – Mehl
für die Deutschen!" Der Deutsche ist entrüstet.
Nach einiger Zeit kauft der Deutsche sich in einem Sex-Shop
eine Packung Kondome. Da fragt der Deutsche den Italiener:
"Was macht Ihr eigentlich mit den gebrauchten Kondomen?"
Der Italiener: "Was willste damit? Die werden bei uns wegge-
schmissen."
Sagt der Deutsche: "Bei uns nicht, die stecken
wir in eine Maschine, klack, klack, klack – Kaugummi für die
Italiener!"

Eine Frau mit Säugling betritt den Bus. Sagt der Busfahrer: "Sie haben aber ein potthässliches Kind." Die Mutter entrüstet: "Was erlauben Sie sich?" Wutentbrannt setzt sie sich neben einen freundlichen alten Herrn. Der fragt: "Was haben Sie denn?" "Der Busfahrer hat eben mein Kind beleidigt!" "Was? Das würde ich mir aber nicht gefallen lassen. Gehen Sie noch mal hin und fordern Sie eine Entschuldigung. Ich halte solange Ihren Affen!"

Kommt jemand zum Friseur und meint: „Ich möchte gern attraktiver aussehen. Bitte machen Sie mir eine Frisur wie die von Gregor Gysi."
„Ich glaube nicht, dass Ihnen diese Frisur stehen würde", antwortet der Friseur, „dafür haben Sie zu viele Haare."
„Na gut, dann möchte ich eben die Frisur von Jürgen Trittin."
„Glauben Sie mir, auch diese würde nicht zu Ihrem Gesicht passen."
„Ich geb's auf, dann eben wie immer."
„Ist recht, Frau Merkel, wie immer."

Wie macht man aus einem
Dreieck einen Strich?
Rasieren!

Frauen sind wie Steckdosen.
Bist du im falschen Loch,
bist du im Arsch!

Richter: „Was haben sie sich dabei gedacht,
als sie der Dame unter den Rock gegriffen
haben?"
Angeklagter: „Ich dachte, mir frisst ein
Pferd aus der Hand!"

Eine schöne Frau ist am Strand bis zum Hals in den Sand
eingegraben und ruft laut um Hilfe. Ein junger Mann buddelt
sie aus. Darauf sagt sie: „Vielen Dank, jetzt hast du einen
Wunsch frei." – „Was ist denn für mich drin?" – „Vorerst
noch Sand."

Ein Mädchen betrachtet im Museum drei Bilder, die
nebeneinander angebracht sind. Auf dem ersten ist
ein verbranntes Brot zu sehen, auf dem zweiten ein
Mädchen mit einem Kind auf dem Arm und auf dem
dritten ein Ertrunkener am Ufer. Sie fragt den Muse-
umswächter, was diese Bilder denn gemeinsam haben
sollen. Flüstert der Wächter ergriffen: „Zu spät raus-
gezogen… ."

Ein Mann geht zum Kostümverleih und sagt zur Verkäuferin: „Ich möchte gern als Adam zu einer Kostümparty gehen und brauche ein Feigenblatt." Sie geht nach hinten und zeigt ihm eines. Er schaut es an und lehnt ab: „Nicht groß genug." Die Verkäuferin geht nochmals nach hinten und kommt mit einem Riesenexemplar zurück. „Immer noch nicht groß genug", behauptet der Mann. Die Frau erbost: „Hören Sie mal, warum werfen Sie ihn nicht einfach über die Schulter und gehen als Zapfsäule?"

3 Typen sind mächtig besoffen und stehen vor der Kneipe. Sie fragen sich, was sie machen sollen. Da kommt einer auf die Idee „Grüne Wettspucken" zu machen. Gesagt getan. Der Erste holt sich eine ordentliche Ansammlung Nasenschleim runter und spuckt ihn an die Wand. Platsch, hängt da ein Fladen vor halber Handspanne. Der Zweite ist schon mächtig beeindruckt und überlegt sich wie er das schlagen kann. „He, da drüben läuft Dieter Bohlen!" Die Beiden schauen weg und er kratzt den Fleck von der Wand, steckt ihn sich in den Mund und zieht noch mal kräftig nach. Als die Beiden wieder herschauen spuckt er aus und an der Wand hängt ein krasser „Grüner", mindestens eine Handspanne groß. Der Dritte ist im Zugzwang, also ruft er „He, da läuft Daniela Katzenberger nackt!" Die Beiden schauen weg, er kratzt den Fleck ab, steckt ihn sich in den Mund und gibt alles. Seine Backen sind bis zum Bersten gefüllt. Gerade als sie die Beiden umdrehen, will er ausspucken und den Sieg erringen. Da klopft ihm eine Hand auf die Schulter „Was treiben sie denn da?" Er sieht sich einem Polizeibeamten gegenüber. Er schluckt schwer und sagt „Gar nichts Herr Wachtmeister!"

Ein Kaninchenpaar wird von mehreren Hunden über Felder und Wiesen gehetzt. Im letzten Augenblick flüchten sie in ein Erdloch. „Und was nun?", jammert sie.
Er: „Ist doch ganz einfach Schätzchen! Wir warten, bis wir ihnen zahlenmäßig überlegen sind!"

Sagt die Thai-Nutte zu ihrem Freier: „Wenn du meine Titten schon so geil findest, dann schau dir erstmal meine Eier an!".

Kennen Sie den Unterschied zwischen einer 7jährigen, einer 17jährigen, einer 27jährigen und einer 37jährigen?
Die 7jährige geht mit einem Märchen ins Bett. Die 17jährige ist mit einem Märchen ins Bett zu kriegen. Die 27jährige ist ein Märchen im Bett. Die 37jährige sagt: „Komm, erzähl mir keine Märchen, gehen wir ins Bett".

Die Rodeostellung: Gehe zu deiner Frau und sage zu ihr, sie solle sich auf ihre Hände und Knie begeben. Dringe von hinten in sie ein, halte sie mit beiden Händen an den Haaren und sage: „Diese Stellung hat meine Sekretärin am liebsten."
Dann musst du versuchen, länger als drei Sekunden drauf zu bleiben.

Findet ein Schwarzer in der Wüste eine Flasche, aus der ein Geist erscheint und sagt: „Ich bin ein Flaschengeist und erfülle sofort drei Wünsche!"
Der Schwarze denkt kurz nach und sagt dann: „Also gut, ich möchte am schönsten Ort der Welt zusammen mit einer Frau und weiß sein!"
Gesagt, getan und der Schwarze war ein O.B.

Ein Mann sitzt gemütlich mit der Zeitung beim Frühstück. Plötzlich zieht ihm seine Frau mit voller Wucht eine Bratpfanne über den Kopf. Ganz benommen fragt er sie, was das denn soll. Sie: „Ich habe in deiner Jackentasche einen Zettel gefunden, auf dem der Name Agatha steht." Er überlegt rasch und antwortet dann: „Ach Schatz, ich war doch letzten Samstag mit Klaus und Benni auf der Pferderennbahn. Agatha ist der Name des Pferdes, auf das wir gewettet haben." Seine Frau entschuldigt sich daraufhin reumütig. Ein paar Tage später sitzt der Mann wieder beim Frühstück, wieder mit der Zeitung in der Hand. Diesmal haut ihm seine Frau eine noch größere Bratpfanne noch kräftiger über den Schädel. Der Mann landet mit dem Gesicht in seinem Müsli und bleibt eine ganze Weile benebelt liegen. Als er wieder zu sich kommt, hat er furchtbare Kopfschmerzen und fragt seine Frau mit letzter Kraft, was das nun wieder solle. Daraufhin sie: „Dein Pferd hat angerufen!"

Rotkäppchen geht durch den Wald. Da trifft es den bösen Wolf. „Ei, was hast du denn für große Augen?!".
Meint der Wolf: „Nicht mal in Ruhe kacken kann man hier!".

Sagt der zehnjährige Sohn zu seinem Vater: „Papa, kann ich mal deine Taschenlampe haben?" Der Vater: „Wozu denn?" Der Sohn: „Wir treffen uns heute Abend mit der Clique und ein paar Mädchen im Park und knutschen da ein bisschen rum." „Also, zu meiner Zeit konnten wir das auch im Dunkeln..." „Ja, so sieht Mama auch aus..."

Steht ein kleines Mädchen mit seinem neuen Mountainbike an der Ampel. Kommt ein Polizist auf einem Pferd angeritten und fragt: „Na, kleines Mädchen, hast du das Fahrrad vom Christkind bekommen?".
Antwortet das Mädchen: „Ja, hab ich!". Daraufhin entgegnet der Polizist: „Sorry, aber ich muss dir leider 20 Euro abnehmen. Sag dem Christkind nächstes Jahr, es soll dir ein Fahrrad mit Reflektoren schenken, okay?!". Das Mädchen fragt im Gegenzug: „Haben Sie das Pferd auch vom Christkind bekommen?". Der Polizist überlegt kurz und nickt dann. Meint das Mädchen: „Na, dann sagen Sie dem Christkind nächstes Jahr, dass das Arschloch hinten hinkommt, und nicht oben drauf!".

Ein Mann sagt zu seinem Arzt, dass er und seine Frau schon seit sieben Monaten keinen Sex mehr hatten. Der Arzt ermuntert den Mann, seine Frau in die Sprechstunde zu schicken.

Als sie eintrifft, erklärt sie dem Arzt: „Wissen Sie, das ist so: Seit sieben Monaten fahre ich morgens mit dem Taxi zur Arbeit. Ich hatte kein Geld, und der Fahrer fragte mich, ob ich aussteigen würde oder... Ich habe mich für das Oder entschieden. Oft bin ich dann zu spät zur Arbeit gekommen, und mein Abteilungsleiter hat mich gefragt, ob er das jetzt eintragen solle oder... Wieder habe ich mich für das Oder entschieden. Auf dem Heimweg dann wollte der Taxifahrer wieder ... und so kommt es, dass ich nach der Arbeit einfach total übermüdet bin und zu fertig, um mit meinem Mann zu schlafen." Darauf überlegt der Arzt eine Sekunde und sagt: „Soll ich Ihrem Mann das genauso erklären oder..."

Ein Mann steht in der Schlange vor der Kasse. Eine tolle Blondine, die etwas weiter hinten steht, winkt ihm freundlich zu und lächelt ihn an. Er kann es nicht fassen, dass so ein Blickfang ihm zuwinkt. Sie kommt ihm irgendwie bekannt vor, aber er kann sie nicht richtig einordnen. Er fragt sie: „Entschuldigung, kennen wir uns?" Sie erwidert: „Ich bin mir nicht sicher, aber ich denke, Sie müssten der Vater eines meiner Kinder sein!" Der Mann erinnert sich zurück an das einzige Mal, als er untreu war: „Um Gottes willen! Bist du diese Stripperin, die ich an meinem Polterabend auf dem Billardtisch vor den Augen meiner Kumpels genommen habe, während deine Kollegin mich mit nassem Selleriekraut auspeitschte und mir eine Gurke in den Arsch schob?" - „Nein", erwidert sie kalt. „Ich bin die Klassenlehrerin von Ihrem Sohn."

Bei der nächtlichen Fahrt auf der Landstraße springt einem Mann plötzlich ein Frosch vor das Auto. Nach scharfer Bremsung springt der Mann aus dem Auto, nimmt den Frosch auf die Hand und trägt ihn zur anderen Straßenseite. Der Frosch bedankt sich: „Ich bin ein verzauberter Frosch und weil Du so nett bist, hast Du jetzt einen Wunsch frei." Der Mann leicht verdattert: „Hm, was soll ich mir bloß wünschen. Vielleicht kannst Du meinen Hund gesund zaubern." „Gut lass mich ihn mal ansehen." Der Mann trägt den Frosch zum Auto, macht die Kofferraumklappe auf und zeigt auf einen Straßenköter übelster Ausprägung, gebrochene Rute, nur noch ein Auge, fahles Fell, also wirklich schlimm! Der Frosch erschrocken: „Oh je! Nein, das geht nicht! Soweit reichen meine Kräfte nun wirklich nicht! Aber ich bin ja nicht so. Du sollst trotzdem einen Wunsch erfüllt bekommen, vielleicht fällt Dir ja noch etwas anderes ein." Der Mann fängt wieder an zu grübeln. Nach kurzer Zeit: „Na ja, vielleicht kannst du meine Frau auf dem Beifahrersitz verschönern. Sie ist bereits in die Jahre gekommen und ich hätte sie gerne wieder so wie sie früher mal ausgesehen hat. Der Frosch: „Okay, zeig sie mir mal." Sie gehen nach vorne, der Mann zeigt dem Frosch seine Frau. Der Frosch daraufhin: „Kann ich den Hund noch mal sehen?"

Ein junges Paar kommt sich das erste Mal näher.
Sie ziehen sich aus und küssen sich. Es wird immer heißer und er will endlich zur Sache kommen.
Er hat schon voll den Harten und will unbedingt Sex.
Sie: „Ich weiß nicht, es ist mein erstes Mal und ich bin mir nicht sicher, ob ich es schon will. Es tut sicher weh wenn du ihn reinsteckst …"
Er darauf: „Heee Mausi kein Problem wenn du noch Jungfrau bist … gekackt wirst du ja schon mal haben"

Warum täuschen Vegetarierinnen immer den Orgasmus vor?
Weil sie nicht zugeben wollen, dass ihnen so ein kleines Stück Fleisch so große Freude macht.

Amerikanische Forscher haben in geheimen Labors die Spezies Mann bis zur Perfektion weiterentwickelt. Heraus kam eine Kreditkarte, die den Müll runterträgt.

Auf dem Teppichhändlerkongress erklärt zu vorgerückter Stunde ein Händler: „Ich bin in der Lage, jeden Teppich mit verbundenen Augen nur durch Fühlen zu erkennen." Die Kollegen legen ihm verschiedene Muster vor und tatsächlich errät er alle. Das muss natürlich gefeiert werden und am frühen Morgen kommt er sturzbetrunken nach Hause. Nachdem er seinen Rausch ausgeschlafen hat, sieht er seine Frau über sich gebeugt: „Dass du besoffen nach Hause kommst, kann ich dir verzeihen. Dass du ins Bett kotzt, auch. Aber dass du deine Hand auf meine Muschi legst und dann ‚alte Kokosmatte' lallst, das werde ich dir nie verzeihen."

Der alte Professor begann jede Vorlesung mit einem vulgären Witz. Nach einem wirklich anstößigen Exemplar einigten sich die Studentinnen, geschlossen den Hörsaal zu verlassen, wenn er wieder so was erzählen würde. Allerdings bekam der Professor Wind von der Sache. Am nächsten Morgen kam er in den Hörsaal und sagte: "Guten Morgen! Haben Sie schon von dem großen Mangel an Huren in Indien gehört?" Jetzt standen alle weiblichen Studenten auf und wollten hinausgehen. "Warten Sie, meine Damen" rief der Professor, "das Schiff nach Indien geht doch erst morgen......!"

Was macht die Frau morgens
mit ihrem Arsch?

Sie schmiert ihm ein Brot
und schickt ihn zur Arbeit!

Was kommt heraus, wenn
man eine Frau mit einem
Kraken kreuzt?

Keine Ahnung, aber es
putzt sicherlich irre gut.

Warum ist ein Mann wie ein
Schneesturm?

Keiner weiß, wann er kommt, wie
viel Zentimeter er bringt und wie
lange es dauert.

Schauplatz Paradies. Adam kommt mal wieder später
nach Hause. Meint Eva: „Ich werde das Gefühl nicht los,
dass du eine andere hast!" „Red keinen Quatsch, Eva, du
weißt genau, dass du die einzige Frau auf Erden bist!"
Aber nachts im Halbschlaf spürt Adam Evas forschende
Finger auf seiner Brust. „Eva Maus, was machst du da?"
„Was werd' ich schon machen. Ich zähle deine Rippen!"

68

Warum reiben sich Frauen in der Frühe die Augen?
Weil sie keine Hoden haben, die sie kratzen könnten!

Ein Bauer bestellt sich einen Zuchthahn. Als das Paket ankommt, öffnet er es. Prompt springt der Hahn heraus und rennt sofort in den Hühnerstall. Er nimmt sich tatsächlich jede einzelne Henne vor. Nachdem er fertig ist, rennt er wie wild in den Kuhstall und besorgt es einer Kuh nach der anderen. Danach kommt der Schweinestall dran, er nimmt sich eine Sau nach der anderen vor. Als er auch hier fertig ist, taumelt der Hahn nach draußen auf den Hof, fällt um und bleibt regungslos liegen. Die Geier kreisen schon über ihm. Der Bauer ist ganz besorgt um den teuren Zuchthahn und beugt sich über ihn, um nach ihm zu sehen. Da öffnet der Hahn ein Auge, blinzelt ihn an und faucht: „Wenn du mir jetzt die Nummer mit den Geiern versaust, dann nehm ich mir deine Alte!"

Ein Mann kommt in ein Tattoo-Studio und möchte einen 500-Euro-Schein auf sein bestes Stück tätowiert haben. Im Studio ist man ungewöhnliche Wünsche gewöhnt, aber ein Fünfhunderter auf dem Penis, das ist neu. Der Tätowierer möchte wissen, warum es ein Schein sein soll. Der Mann antwortet: „Erstens habe ich gern Geld in der Hand. Zweitens sehe ich gern zu, wie mein Kapital wächst, und drittens habe ich meiner Frau versprochen, sie darf jede Woche 500 Euro verblasen."

Eine junge Frau hat an der Supermarktkasse folgende Sachen in ihrem Wagen: Ein Stück Seife, eine Zahnbürste, ein halbes Brot, einen Liter Milch, eine Pizza und einen Joghurt. Der Kassierer lächelnd: „Single, hä?" „Woher wissen Sie denn das?", fragt die Frau verwundert. Er antwortet: „Weil Sie so hässlich sind!"

Die Tiere im Wald haben den letzten Musterungsbescheid bekommen und wollen natürlich nicht hin. Alle überlegen, wie sie sich drücken können.
Zuerst denkt der Hase nach und hat eine Idee. Er schneidet sich seine langen Löffel ab und hoppelt los. Sofort wird er gefragt, was denn mit seinen Ohren passiert sei. Der Hase antwortet: „Unfall in der Kindheit. Da hat jemand zu doll dran gezogen."
Prompte Antwort: „Sie sind untauglich.T5. Gehen Sie nach Hause." Der Hase stürmt zurück in den Wald und schreit: „Ich muss nicht zum Bund, ich muss nicht zum Bund."
Der Fuchs ist beeindruckt und grübelt, was er denn tun könnte. Kurzerhand entfernt er sich den buschigen Schwanz und stellt sich der Musterung. „Was ist denn mit Ihnen passiert?" „Tja, Geburtsfehler", antwortet der Fuchs. „Nach Hause. T5." Auch der Fuchs rennt so schnell er kann zurück in den Wald und brüllt: „Ich muss nicht zum Bund, ich muss nicht zum Bund."
Schließlich ist der Bär an der Reihe. Er denkt und denkt und überlegt und überlegt ... einen buschigen Schwanz hat er nicht. Lange Löffel auch nicht. Da hat er die rettende Idee. Er entschließt sich, sich einen großen, schweren Stein in die Schnauze zu rammen und damit seine Raubtierzähne auszuschlagen. Gesagt, getan – und ab zur Musterung. Auch der Bär kommt wenig später freudestrahlend zurück in den Wald gerannt und verkündet überglücklich: „Iff muff auch niff fum Bund, iff muff auch niff fum Bund. Iff bin nämlich fu dick und fu schwer!"

Warum lecken sich Hunde
an ihren Genitalien?
Weil sie es können.

Die Prinzessin geht zum Teich und fragt den Frosch: „Muss ich dich jetzt küssen damit du ein Prinz wirst?"
Der Frosch: „Nein, das ist mein Bruder. Mir musst du einen blasen!"

Abends an einer Hotelbar. Eine attraktive Blondine und ein Mann im besten Alter. Er: "Darf ich fragen was eine attraktive Frau wie Sie in dieses Hotel verschlägt?" Sie: "Ja, ich bin hier auf einer Schulung des europäischen Nymphaninen-Verbandes." Er: "Wirklich??? Und was lernt man denn da so?" Sie: "Heute haben wir z.B. gelernt, das Indianer den Längsten haben und Schwaben am ausdauerndsten sind." Er: "Oh, entschuldigen Sie bitte, wie unhöflich von mir, ich habe mich noch gar nicht vorgestellt, mein Name ist Winnetou Häberle...."

Computer:
„Bitte Passwort eintragen!"
User: „Penis"
Computer:
„Ihr Passwort ist zu kurz."

Was sitzt in der Ecke
und klappert?

Pinocchio beim Wichsen.

Ein Mann sitzt mit seinen Freunden in der Kneipe. Da kommt ein Betrunkener rein und ist auf Ärger aus. „Hey", lallt er den Mann an, „ich habe gerade deine Mutter gefickt!" Jeder erwartet eine Schlägerei, doch der Mann geht nicht darauf ein. Der Betrunkene trollt sich. Zehn Minuten später kommt er wieder auf den Mann zu und sagt: „Hey, ich habe gerade deine Mutter gefickt und deine Mutter hat mir einen geblasen und es war geil!" Wieder geht der Mann nicht darauf ein. Zehn Minuten später kommt der Betrunkene ein drittes Mal: „Hey, ich habe gerade..." Sagt der Mann: „Geh nach Hause, Vater – du bist betrunken!"

Transatlantikflug. Über dem Meer droht die Maschine abzustürzen. Hektik, Panik! Plötzlich stellt sich eine attraktive Frau in den Mittelgang und sagt laut: „In meinem Leben hatte ich schon viele Männer, aber bevor ich sterben muss, möchte ich mich noch einmal richtig als Frau fühlen." Stille. Ein schöner, großgewachsener Mann erhebt sich, zieht sein Jackett aus, öffnet langsam die Knöpfe seines Hemdes... Sie erschaudert, der Body – Wahnsinn! Er streift das Hemd ab, wirft es ihr hin und sagt: „Waschen!"

Ein Sachse zeigt seinem kleinen Sohn die Tiere im Wald. Sie steigen auf einen Hochsitz. Der Junge schaut nach Norden und sieht zwei Füchse, der Vater beobachtet derweil eine nackte Schönheit beim Sonnenbad auf einer Lichtung. Der Sohn ganz aufgeregt: „Baba, Figgse, Figgse!" Daraufhin der Vater: „Nur wennde dor Muddi nischt soochst."

Was ist die härteste Droge der Welt?
Bahngleise!
Warum?
Ein Zug ... und Du bist tot.

Was ist der Unterschied zwischen
einem Telefon und einem Politiker?
Das Telefon kann man aufhängen
wenn man sich verwählt hat.

Zwei Blondinen sitzen in München spät abends
auf der Terrasse eines Hotels und bewundern bei
sternenklarem Himmel den Vollmond. Fragt die
eine ihre Freundin: "Sag mal, was ist weiter, nach
Hamburg oder zum Mond?" Antwortet die andere:
"Haaaaaaaaaaaloh!! Siehst Du etwa Hamburg?"

Ein Polizist zog mich aus dem Verkehr und sagte :
„Papiere." Ich sagte: „Schere. Und fuhr davon."

Ein Affe sitzt auf dem Stein.
Das Krokodil kommt vorbei und fragt: „Affe, was machst du hier?"
Da sagt der Affe: „Ich warte auf den Löwen. Ich will dem mal so richtig auf die Schnauze hauen! Geil, oder?"
„Wow!", sagt das Krokodil und schwimmt weiter.
Dann kommt das Zebra vorbei: „Affe, was machst du hier?"
Der Affe antwortet: „Ey, ich warte auf den Löwen. Ich will dem mal so richtig die Schnauze polieren. Rechts-links bamm bamm bamm!"
„Krass!", sagt das Zebra und geht weiter.
Schließlich kommt der Löwe vorbei und fragt:
„Na, Affe? Was machst du hier?"
Sagt der Affe: „Och, Löwe. Ich sitze hier auf dem Stein und labere Scheiße."

Was ist eine Gummipuppe mit weißen Augen?

Voll.

Morgens um halb zehn in Polen: „Wo ist mein Knoppers?"

Eine Frau kommt mit einer Überweisung zum Internisten. „Na, junge Frau", begrüßt sie der Arzt, „was haben Sie denn für Probleme?" – „Ich habe eine Vagina pectoris, Herr Doktor." – „Oh, Sie meinen sicherlich eine Angina pectoris." – „Nein, mein Hausarzt hat gesagt, ich habe eine Vagina pectoris." – „Na gut, wenn das so ist, dann ziehen Sie sich doch bitte aus und legen sich auf den Untersuchungstisch." – „Aber Herr Doktor, was soll das werden?" – „Ja, wenn Sie meinen, Sie haben eine Vagina pectoris, dann müssen Sie jetzt eine Penis-Zillin-Spritze bekommen."

Ein Blinder geht ins Restaurant. Als der Wirt kommt, um ihm die Speisekarte zu bringen, sagt der Blinde: „Ich bin blind und kann die Karte nicht lesen, aber machen Sie doch Folgendes: Bringen Sie mir eine benutzte Gabel vom Tagesgericht, so dass ich daran riechen und mich entscheiden kann." Leicht verwirrt geht der Wirt eine benutzte Gabel holen und reicht sie dem Blinden. Der schnuppert daran und sagt: „Ah! Schweinebraten mit Sauerkraut – genau das nehme ich!" Der Blinde isst, bezahlt und geht. Ein paar Tage später kommt der Blinde wieder, und das gleiche Spiel geht los: Der Blinde riecht an der Gabel und meint: „Nudeln mit Brokkoli und Käse – das nehme ich!" Der Wirt glaubt dem Blinden nicht und nimmt sich vor, ihn das nächste Mal hereinzulegen. Als der seltsame Gast wieder kommt, rennt er zu seiner Frau, der Köchin, und sagt: „Monika, nimm die Gabel und reib sie unter deinem Slip zwischen den Beinen, bevor ich sie dem Blinden gebe." Nachdem sie das getan hat, bringt der Wirt dem Blinden die Gabel. Der riecht daran und sagt: „Hey, ich wusste gar nicht, dass Monika hier arbeitet."

Ein Zebra verirrt sich auf einen Bauernhof und trifft auf eine Kuh: „Hey, was bist du denn für ein Tier?" - „Ich bin die Kuh vom Bauernhof." - „Ist ja interessant, was machst du den ganzen Tag?" - „Ich fresse Gras und gebe dem Bauern Milch." Das Zebra ist mit der Antwort zufrieden, stolziert weiter und sieht ein Pferd: „Hey, was bist du denn für ein Tier?" - „Ich bin der Zuchthengst vom Hof." - „Ist ja interessant, was machst du den ganzen Tag?" - „Kleine, zieh deinen Pyjama aus, und ich zeig dir, was ich den ganzen Tag mache."

Susi kommt aufgebracht nach Hause: "Was man sich alles gefallen lassen muss. Ich bin im Schuhgeschäft und lasse anprobieren, da bemerkt der Verkäufer, dass ich kein Höschen anhabe und sagt, er würde gerne meine Muschi mit Sahne verzieren und alles genüsslich vernaschen. Du gehst jetzt sofort in den Laden und haust dem Typen eine aufs Maul." Ihr Mann gelassen: "Liebling, es gibt drei Gründe, dies nicht zu tun. Erstens könnte er größer und stärker als ich sein und demzufolge mir eine aufs Maul hauen. Zweitens geht man ohne Höschen nicht ins Schuhgeschäft. Und drittens kann kein Mensch so viel Sahne auf einmal essen."

Drei Mäuse sitzen an der Bar und protzen damit, wer von ihnen die Coolste ist. Die Erste verlautet: „Wenn ich eine Mausefalle sehe, nehme ich mit der linken Hand den Käse raus. Mit der Rechten fange ich den Bügel ab und mache noch etwas Krafttraining bevor ich den Käse verputze?".
Meint die Zweite: „Wenn bei uns Rattengift gestreut wird, nehme ich mir eine Rasierklinge, hacke den Stoff klein, lege eine Line und zieh mir das Zeug durch die Nase?".
Die dritte Maus steht auf und geht. „Hat's Dir die Sprache verschlagen?!" fragen die anderen beiden Mäuse.
„Ihr langweilt mich", antwortet die Dritte. „Ich geh nach Hause, die Katze poppen?".

Die drei Vorstandsvorsitzenden von Paulaner, Erdinger und Weihenstephaner gehen zusammen zum Essen. Man kommt zu den Getränken. Der Chef von Paulaner bestellt ein Paulaner, der Vorsitzende von Erdinger ein Erdinger und der Herr von Weihenstephaner eine Cola. „Eine Cola?", fragen die zwei erstaunt. „Also wenn ihr kein Bier trinkt, dann trink ich auch keins!"

München, Hochsommer, Mittagshitze ca. 38 ° C: Steht ein Mann in Badehose mitten in der Isar, füllt einen Maßkrug mit Flußwasser und will gerade zu trinken anfangen, als vom Ufer ein Bayer zu ihm hinüberbrüllt: "He, Du do, wos machst'n do? Bist deppert? Du konnst doch net des dreckerte Isarwassa saufa. Do werst doch krank und griagst an sackrischen Duachfoi und schbeim muaßt gwis a drauf! D'Hund und Katzn scheiß'n nei; des is do ois mit Bakterien und Vir'n versaicht. Wenn's bled hergeht, muaßt sogoa ganz elendiglich dro voregga." Der Mann in der Isar schaute ihn an und fragte: "Wat ham se jesacht? Sprechen Sie keen Deutsch, Mann?" Darauf ruft der Bayer im perfekten Hochdeutsch: "Gaaanz langsam trinken, das Wasser ist seeehr kalt".

Im Siouxdorf: „Papa, woher kommen eigentlich unsere Vornamen?" „Nun, mein Sohn, das ist so: Als ich geboren wurde, hatte mein Vater gerade einen großen Bären erlegt, und daher heiße ich 'Großer Bär'. Deine Mutter wurde geboren als die Sonne aufging und heißt deshalb 'Aufgehende Sonne'. Aber wieso willst du das wissen, 'Zwei - Hunde - Ficken - Mitten -Auf - Dem – Lagerplatz'?"

Meier war in Brasilien in Urlaub. Nach seiner Rückkehr fragt ihn sein Chef: „Na, Meier, wie war es denn in Rio?" „Ach, in Brasilien gibt's nur Fußballspieler und Nutten!" Der Chef. „Wussten Sie eigentlich, dass meine Frau Brasilianerin ist?" „Oh, bei welchem Verein spielte sie denn?"

Kommt eine Frau zum Frauenarzt:„Herr Doktor mir fallen Briefmarken aus der Vagina! Ich mache mir schreckliche Sorgen" „Das gibt es doch gar nicht", antwortet der Arzt. Der Arzt schaut nach und tatsächlich findet er ein Stück Papier. Er betrachtet es einige Zeit und sagt dann grinsend: „Sie müssen sich keine Sorgen machen, das sind keine Briefmarken, sondern Etiketten von Chiquita-Bananen!"

Ein Schweizer, ein Österreicher und ein Deutscher fahren Ballon. Plötzlich werden die Berge höher und sie müssen Ballast abwerfen um drüberzusteigen. Sie werfen alles raus, Rucksack, Proviant, sogar die Jacken und Schuhe. Aber es reicht nicht. Einer ist zuviel an Bord. Der Deutsche und der Schweizer schauen sich kurz an und schon packen sie den Österreicher und wollen ihn rauswerfen. In letzter Sekunde erscheint ein Engel, der das sofort unterbindet: "Halt, was soll das, ihr könnt doch nicht einfach den Österreicher rauswerfen. Fairness muss sein! Wir machen das anders! Ich stelle jedem eine Frage und wer sie falsch beantwortet, muss springen." Die drei sind einverstanden. Der Engel stellt dem Schweizer die erste Frage: "Wie heisst der berühmte Luxusdampfer der 1912 gesunken ist?" Blitzschnell antwortet er: "Titanic". Gut, der Engel wendet sich zum Deutschen und fragt ihn: "Wie viele Leute sind dabei gestorben?" Der Deutsche: "1200". Gut, die nächste Frage für den Österreicher : "Wie haben die 1200 geheißen..............?"

Die neue Lehrerin – jung, superhübsch und mit einer Wahnsinnsfigur – ist der Schwarm aller Jungs in der Klasse. Sie schreibt etwas an die Tafel, als Thomas plötzlich ruft: „Frau Lehrerin ist unter dem rechten Arm rasiert!" „Thomas", sagt sie, „das war sehr unartig! Geh nach Hause, heute will ich dich nicht mehr sehen!" O.k., Thomas geht heim und ist über diesen freien Tag gar nicht böse. Am nächsten Tag zeichnet die schöne Lehrerin etwas mit der linken Hand, und Thomas ruft: „Unter dem linken Arm ist sie auch rasiert!" „Jetzt reicht es mir aber", sagt die Lehrerin, „geh nach Hause! Diese Woche brauchst du gar nicht mehr aufzutauchen." Thomas erlebt drei wundervolle schulfreie Tage. Am Montag erscheint er wieder im Unterricht. Bis zur vierten Stunde geht alles gut. Dann bricht der Lehrerin die Kreide ab, und sie bückt sich, um sie wieder aufzuheben. „Das war's dann, Jungs", ruft Thomas und nimmt seinen Ranzen, „ich seh euch nächstes Schuljahr!"

Ein Mathematikprofessor schreibt seiner Frau: "Du weißt, du bist bereits 54 Jahre alt und ich habe bestimmte Bedürfnisse, die du leider nicht mehr befriedigen kannst. Während du diesen Brief liest, werde ich gerade im Grand Hotel mit meiner 18-jährigen Sekretärein sein. Ich komme vor Mitternacht nach Hause. Dein Mann." Als er nach Hause kommt, findet er einen Brief von seiner Frau: "Du bist mit deinen 54 Jahren auch nicht mehr der Jüngste. Während du das liest, bin ich mit einem 18-jährigen Postboten im Sheraton Hotel. Da du ja Mathematiker bist, wirst du leicht feststellen, das 18 in 54 viel öfter reingeht, als 54 in 18. Also warte nicht auf mich... Deine Frau."

Ein Missionar und ein Eingeborener paddeln den Kongo runter. Nach einer Weile deutet der Gottesmann nach oben und sagt: "Himmel". Der eingeborene wiederholt: "Himmel." Der Missionar zeigt nach unten: "Boot." Sein Begeleiter: "Boot." Kurz darauf entdeckt der Missionar ein Pärchen, das es im Ufergras treibt und sagt: "Rad fahren." Der Eingeborene nimmt seinen Bogen, schießt der Frau einen Pfeil in den Hintern und brüllt: "Mein Fahrrad!"